모르는 게
약?

열다 지식을 열면, 지혜가 열립니다. 나만의 책을, 열다.

모르는 게 약?

개정판 1쇄 발행 2023년 8월 31일

글 최혁재 | 그림 이해정

ISBN 979-11-6581-462-5 (73510)

＊책값은 뒤표지에 있습니다.
＊잘못 만들어진 책은 구입하신 곳에서 바꾸어 드립니다.

발행처 주식회사 스푼북 | **발행인** 박상희 | **총괄** 김남원
편집 길유진·김선영·박선정·김선혜·권새미 | **디자인** 김광휘·조혜진·정진희 | **마케팅** 손준연·이성호·구혜지
출판신고 2016년 11월 15일 제2017-000267호
주소 (03993) 서울시 마포구 월드컵북로 6길 88-7 ky21빌딩 2층
전화 02-6357-0050(편집) 02-6357-0051(마케팅)
팩스 02-6357-0052 | **전자우편** book@spoonbook.co.kr

열다 는 스푼북의 어린이책 브랜드입니다.

| **제품명** 모르는 게 약? |
| **제조자명** 주식회사 스푼북 | **제조국명** 대한민국 | **전화번호** 02-6357-0050 |
| **주소** (03993) 서울시 마포구 월드컵북로6길 88-7 ky21빌딩 2층 |
| **제조년월** 2023년 8월 31일 | **사용연령** 10세 이상 |
| ※ KC마크는 이 제품이 공통안전기준에 적합하였음을 의미합니다. |

⚠ 주 의
아이들이 모서리에 다치지
않게 주의하세요.

우리가 알아야 할 약 이야기

모르는 게 약?

글 최혁재 · 그림 이해정

열다

작가의 말 ✚

여러분의 꿈은 무엇인가요?

건강을 지켜 주는 의사? 정의를 수호하는 법관? 금메달을 따는 스포츠 스타? 대중의 사랑을 받는 연예인?

많은 꿈이 있지만 그 직업을 갖는다고 해서 꿈을 이룬 것이라고는 말할 수 없어요. 단지, 꿈을 이루기 위한 첫발을 뗐을 뿐이니까요. 그때부터 꿈으로 향하는 먼 길이 펼쳐지기 시작한답니다. 그 길을 평생 동안 꾸준히 묵묵히 가는 사람이 결국 꿈을 이룬 사람이 아닐까요?

저는 어렸을 때, 좋은 작가가 되는 것이 꿈이었어요. 고등학생 때는 훌륭한 약사가 되고 싶었지요. 지금은 행복한 가정의 좋은 아빠가 되기 위해 열심히 노력하고 있답니다.

꿈을 이루는 조건은 많은 돈이나 좋은 머리, 또는 노력만으로 충분하지 않아요. 제일 먼저 갖춰야 하는 조건은 건강이지요. 목표를 위해 긴 시간 동안 최선을 다하려면 건강한 육체와 정신이 꼭 필요하답니다.

그렇다면 건강은 어떻게 지킬 수 있을까요?

잘 먹는 것도 중요하고, 운동과 휴식도 필요하지만 우리가 아플 때 건강을 회복하도록 도와주는 약에 대해 잘 아는 것도 중요해요. 약에 대해 잘 모르면 약을 먹어도 효과를 제대로 볼 수 없을 뿐 아니라 약의 부작용 때문에 건강을 잃을 수도 있기 때문이에요.

이 책에서는 여러분이 약에 대해 잘 알 수 있도록 약의 장점과 단점, 약이 가진 비밀과 재미있는 이야기들을 실어 보았어요. 책을 다 읽고 나면 약이 잘 아는 친구처럼 쉽게 느껴질 거예요. 더불어서 여러분들의 건강도 잘 지킬 수 있을 것이고요.

끝으로, 제 곁을 지켜 준 사랑하는 아내 미나와 저를 무척 닮은 사랑하는 아들 태원이에게 고마운 마음을 전합니다.

최혁재

차례

약과 건강

파랑누리약국 최 약사예요 • 12
약국을 소개합니다
약국에서는 이런 일을 해요

건강 지키기 • 25
건강이 뭐예요?
모든 질병은 예방이 가능할까요?
약은 어떻게 효과를 나타낼까요?
사람마다 약을 대사시킬 수 있는 능력이 달라요

약은 어떤 모습일까요?

약이 섞여도 문제없어요 • 38
꿀꺽 삼켜요, 알약과 캡슐
쓱쓱 발라요, 연고
쏙 밀어 넣어요, 좌제

약은 어떻게 먹는 것이 좋을까요? • 43
약은 왜 식후 30분에 먹어요?
같이 먹으면 안 되는 약과 음식
약의 부작용은 무서워요!
약을 많이 먹으면 어떻게 돼요?
소와 함께하는 축산업자의 운명

주사에 대해서 알아봅시다

주사는 싫지만 꼭 맞아야 해요 • 52
주사 잘 맞는 법
주사약도 가지가지

백신이 뭐예요? • 59
항원과 항체
달걀에서 나온 주사약
백신을 처음 개발한 파스퇴르

역사 속의 약

약의 변천 • 66
마녀가 약을 만든다고?
곰팡이에서 약이 발견됐어요!

만약 이 약이 있었다면? • 74
세종 대왕의 이야기
모차르트의 안타까운 죽음

사람을 죽일 수 있는 약

금지된 약, 마약 • 80
정신과 몸이 망가져요
낫지 않는 병, 중독
마약의 나쁜 유혹
잘 쓰면 좋은 약, 마약성 진통제
거절하는 힘이 중요해요

독약도 쓸 데가 있다고요? • 92
예뻐지고 싶을 때 독약을 찾아요
사냥을 갈 때는 독약 바른 화살을 챙겨요
마음이 아파요, 동물의 안락사
금지된 약물로는 훌륭한 선수가 될 수 없어요

모두를 위한 약을 위하여, 신약 개발

새로운 약은 어떻게 만들어져요? • 102
황금 알을 낳는 거위, 신약 개발 사업
신약 개발 과정을 따라서
가짜 약을 먹고도 낫는다고요?

약이 모두에게 공평할 수 없는 이유 • 113
아프리카 수면병 치료제는 아직 없어요
에볼라가 다시 왔어요
다국적 제약 회사가 신약을 팔지 않겠대요
어떻게 하면 모두 건강할 수 있을까요?

행복한 약을 위하여

건강 보험은 필요해요 • 126
약값을 덜어 줘요, 건강 보험
그럼 보험료를 얼마나 내야 할까요?
건강 보험이 적용되지 않을 수도 있나요?

피할 수 없는 동물 실험 • 133
동물 실험을 하는 이유
동물 실험에도 윤리가 있어요

약과 건강

파랑누리약국 최 약사예요

오늘은 월요일 아침이에요. 월요일만 되면 신기하게 알람이 울리기도 전에 눈이 번쩍 떠져요. 왜냐고요? 월요일은 주말에 병원을 가지 못한 환자들이 많이 오기 때문이에요. 그래서인지 일요일 저녁부터 긴장이 돼요. 이제 아침 9시가 넘으면 처방전을 들고 온 환자들이 약국에 북적일 것이 눈에 선해요.

아 참, 저는 10년째 약국을 운영하고 있는 약사랍니다. 이름은 최파랑이에요. 물결을 뜻하는 이름이지요. 평생 보건소에서 일하셨던 아버지가 많은 사람들에게 기쁨과 행복을 주는 물결이 되라는 의미로 지어 주셨어요. 더군다나 약사는 영어로 pharmacist(파머시스트)라고 해요. 제 이름하고 잘 어울리지 않나요?

약국을 소개합니다

제가 일하는 약국은 제 이름을 딴 '파랑누리약국'이에요. 건강은 무엇보다 소중하고, 이웃들이 건강을 되찾는다면 세상은 기쁨이 넘치게 될 거라 믿으며 열심히 일하고 있어요.

약국은 집과 가까운 곳에 있어요. 약국 맞은편에는 대학 병원이 있고, 10대가 넘는 버스가 다니는 정류장이 있어요. 7분만 걸어가면 지하철역이 있는 데다 바로 옆에는 큰 사거리가 있어서 아주 많은 사람들이 약국 앞을 지나다닌답니다.

저는 어렸을 적부터 쭉 이 동네에 살았어요. 그때만 해도 제일 높은 건물이 2층이었는데, 그동안 동네가 많이 변했어요. 큰 아파트 단지도 생기고, 대학 병원이 근처로 오면서 조용한 동네가 아주 시끌벅적해졌어요.

저는 원래 말수도 별로 없고 조용한 성격이었어요. 하지만 약국에서 많은 사람을 만나며 점점 수다쟁이가 됐어요. 세 살짜리 어린아이부터 여든 살이 넘은 할머니까지 모두 친구처럼 지내는 제 자신을 보면 가끔 놀라곤 해요. 말동무를 잘해 드려서 그런지 동네 아주머니들도 지나가면서 약국에 자주 들르시곤 해요. 어렸을 적 제 얌전했던 모습을 얘기하시곤 하죠.

많은 사람들을 대하기 때문에 몸은 피곤하지만, 약사라는 직업이 자랑스러워요. 우리 동네 사람들의 건강을 지켜 주는 지킴이 역할을 하고 있기 때문이에요. 하나뿐인 다섯 살배기 아들과도 놀아 줄 시간은 많이 없지만 가끔 약국에 나와서 제 얼굴을 보고 만족하는 아내와 아들에게 늘 고마운 마음이 가득해요.

제 아들도 어른이 되면 사람들의 건강을 지켜 주는 일을 했으면 좋겠어요. 아빠를 본받을 수 있게 약사로서 더 좋은 모습을 아들에게 보여 주려고 항상 열심히 일하고 있어요.

어느 날 갑자기 아내가 약국을 정리하는 게 좋겠다고 말했어요. 너무 바빠서 정리 정돈을 못하다 보니 약국이 좀 어수선하게 보였나 봐요. 아내와 저는 며칠 약국 문을 닫고 직접 약국을 정리했답니다.

후에 약국을 찾아온 손님들이 깜짝 놀랐어요. 처음에는 주인이 바뀐 줄 알았다고 해요. 그만큼 깨끗해지고 정리 정돈이 잘 되었다는 얘기겠죠?

약국에 들어오는 사람들에게 처음 보이는 곳은 처방전을 접수하는 접수대예요. 그 오른쪽에 좀 널찍하게 휴게 공간을 만들어 두었어요. 편안한 소파에서 TV도 보고 음료수도 마시면서 최신 잡지도 볼 수 있는 공간이 있어요. 약이 조제되는 동안 손님들은 왼쪽에 있는 진열대에 가지런히 놓인 각종 건강 기능성 식품과 비타민을 고를 수 있고, 후배 약사에게 친절한 설명도 들을 수 있어요. 각종 영양제, 기능성 칫솔, 치약, 일회용 반창고 등도 잘 정리되어 있어요.

약국에서는 이런 일을 해요

월요일 아침, 약국 문을 열자마자 제일 처음 들어오신 분은 예상대로 중학교 선생님이신 김스승 님이셨어요. 워낙 아침잠도 없는 데다 성격도 급해서 제일 먼저 진료를 받으시고 나오신 것 같아요.

김스승 님은 평소에 학생들을 열심히 가르치신다고 해요. 그래서 항상 목이 아프고 가래가 많이 생긴다고 하셨지요. 요즘 들어 더 심해졌다고 하시더니 결국 병원에 다녀오셨네요. 급한 성격대로 빨리 약을 지어서 학교에 가야 한다고 재촉하시네요.

이제 김스승 님이 받아 온 처방전을 가지고 약을 지어야 해요. 환자들은 다음과 같은 처방전을 가지고 온답니다.

처방전 살펴보기

이름, 주민 등록 번호 등 정보가 담겨 있으니 귀한 개인 정보가 다른 사람에게 가지 않게 잘 챙기도록 해요.

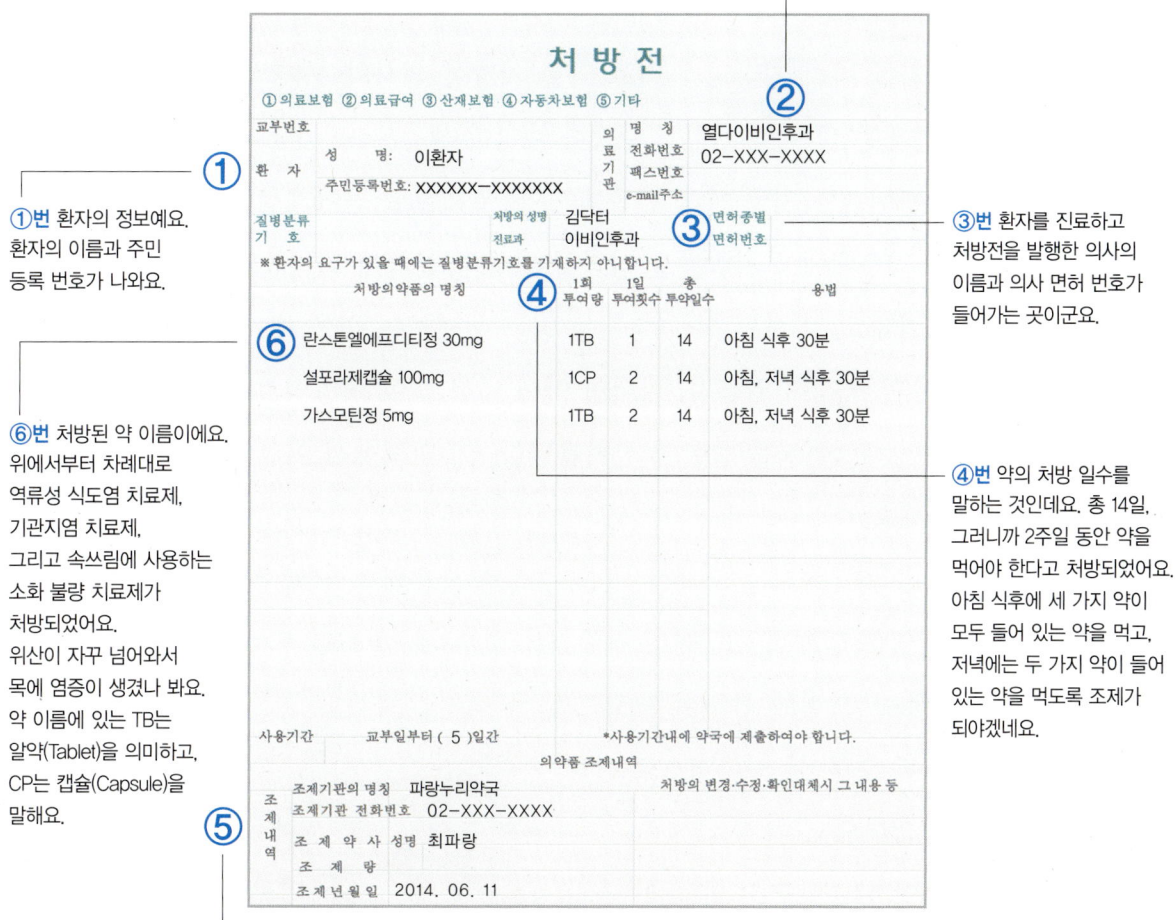

①번 환자의 정보예요. 환자의 이름과 주민 등록 번호가 나와요.

②번 병원 정보, 병원명과 문의할 수 있는 전화번호, 팩스 번호, 이메일 주소 등이 써 있어요. 혹시 약을 먹다가 궁금한 게 생기면 이 번호로 연락하면 되겠지요?

③번 환자를 진료하고 처방전을 발행한 의사의 이름과 의사 면허 번호가 들어가는 곳이군요.

④번 약의 처방 일수를 말하는 것인데요. 총 14일, 그러니까 2주일 동안 약을 먹어야 한다고 처방되었어요. 아침 식후에 세 가지 약이 모두 들어 있는 약을 먹고, 저녁에는 두 가지 약이 들어 있는 약을 먹도록 조제가 되야겠네요.

⑥번 처방된 약 이름이에요. 위에서부터 차례대로 역류성 식도염 치료제, 기관지염 치료제, 그리고 속쓰림에 사용하는 소화 불량 치료제가 처방되었어요. 위산이 자꾸 넘어와서 목에 염증이 생겼나 봐요. 약 이름에 있는 TB는 알약(Tablet)을 의미하고, CP는 캡슐(Capsule)을 말해요.

⑤번 약을 조제한 약국의 이름, 전화번호, 그리고 약을 조제한 약사의 이름과 날짜가 있어요.

사실 오랫동안 약을 복용했던 환자들도 처방전을 꼼꼼히 안 보는 경우가 많아요. 그래서 흔하게 볼 수 있는 처방전이지만 어떤 내용이 기록되어 있는지 잘 모르지요. 이번 기회에 어떤 내용이 처방전에 적혀 있는지 자세히 살펴볼까요?

약사가 가장 눈여겨보는 부분은 ④번과 ⑥번이랍니다. 환자에게 맞는 약이 처방되었는지, 그 약의 투여량은 적절한지, 먹는 방법은 맞는지를 약국에서 최종 확인해요. 그래서 문제가 없으면 조제를 하지만, 만약 이상한 것이 있으면 환자를 잠시 기다리게 하고 약을 처방한 의사와 통화해서 확인해야 해요. 자주 있는 일은 아니지만, 수정하는 일이 생길 수도 있답니다.

이제 처방전을 가지고 약국 안쪽에 있는 조제실로 들어가서 약을 조제할 차례예요. 접수대에서 처방전을 입력하면 약국 안쪽에 있는 조제실에 처방 내용이 출력돼요. 약사는 이 처방전을 읽고 살펴보는 일을 해요. 같이 먹으면 안 되는 약이 섞여 있는지, 아니면 약이 너무 많이 처방되었는지 또는 너무 적게 처방되었는지를 충분히 살펴봅니다. 이 과정에서 이상이 없으면 조제를 시작해요.

크지 않은 약국에서는 조제할 때 약주걱을 사용해요. 약주걱에 약봉지를 끼워 넣고 약을 담지요. 9구짜리 약주걱은 하루 세 번 약을 먹는다고 할 때, 3일치가 돼요. 그런데 약국이 크고 환자가 많이 오면 이 약주걱으로는 감당할 수 없어요.

제가 운영하는 약국은 하루에 처방전을 가지고 오는 환자가 300명이

넘을 정도로 큰 약국이에요. 그래서 자동조제기를 사용하지요.

　자동조제기는 조제하려는 약을 선택하고 복용량과 일수를 입력하면 약 이름까지 모두 약봉지에 인쇄되어서 나온답니다. 그런데 워낙 약의 종류가 많다 보니 세상 모든 약을 자동조제기 안에 넣지 못해요. 또, 약 중에서도 공기 중에 나오면 색깔이 변하거나 약효가 떨어지는 약도 있어요. 그래서 이런 약들은 별도로 약주걱을 사용해야 하지요.

　만약 가루약 처방이 나오면, 처방전에서 가루약으로 만들라고 표시된 약들을 모두 모아 분쇄기에 넣고 곱게 가루로 만들어요. 그러고 나서 저울로 달아 똑같은 양으로 나눕니다. 큰 약국에서는 가루약도 골고루 나누어 주는 자동분포기라는 기계가 따로 있답니다.

　또, 아기들은 알약이나 가루약을 먹을 수 없어요. 그래서 병원에서는 물약을 처방하지요. 약국에서는 이 물약을 정확하게 조제해 약병에 담는 일도

약국에서 쓰는 도구들

계량컵
물약병
약사발
약숟가락

합니다.

조제의 마지막 과정에서는 혹시 약이 빠졌는지 아니면 이중으로 약이 들어가지 않았는지 확인합니다.

조제가 다 된 약을 약 봉투에 넣고 환자 이름과 복용법을 꼼꼼히 쓴 다음에 환자를 접수대로 부릅니다.

이제 환자에게 약을 가지고 복약 지도를 해야 해요. 복용 방법이 어렵거나 다양한 복용 방법이 섞여 있으면 여러 번 확인하면서 환자를 이해시켜야 해요. 처방전을 설명할 때 '아침 식후 30분'이라고 쓰여 있는 약은 아침에 먹고,

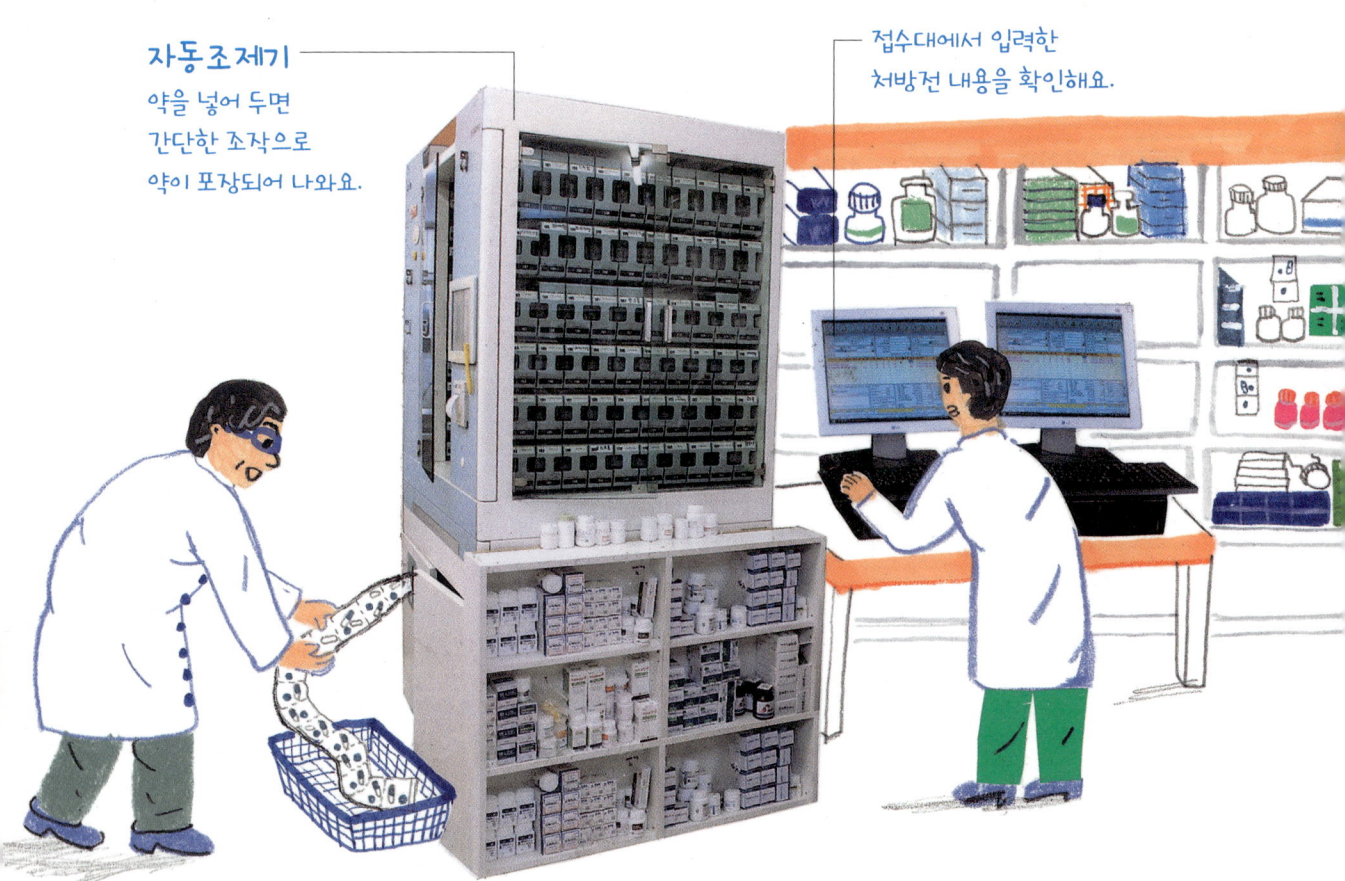

'점심, 저녁 식후 30분'이라고 쓰여 있는 약은 점심과 저녁에 각각 먹으라고 알려 줍니다.

또 '밥을 먹고 나서 바로 눕는 것은 위산이 역류하니 안 좋고, 이 약을 드시는 동안 기름기가 많은 식사는 될 수 있는 한 줄이세요'라고 알려 주지요. 소화가 잘 안 되는 음식을 먹으면 위산이 많이 넘어올 수 있거든요.

그리고 약을 먹다가 혹시 불편한 증상이 생기면 바로 약국으로 전화해 달라는 말과 약 먹을 때 커피는 피하거나 약을 먹은 후 한 시간 이상 지나서 먹으라는 말도 빼놓지 않아요. 커피나 녹차는 약과 같이 먹으면 약 성분을 소변

으로 배출시키기 때문에 되도록 피하는 것이 좋아요. 또 어떤 약이든지 종종 부작용이 나타나기 때문에 약을 먹고 난 후에 몸의 변화를 관찰하는 것도 필요하지요.

약국에서 하는 중요한 일 가운데 하나는 불용의약품을 처리하는 일이에요. 불용의약품은 유효 기간이 지나 더 이상 먹을 수 없거나 유효 기간을 알 수 없어서 버려야 할 약을 뜻해요.

보통 물약은 하수구에, 가루약은 종이에 싸서, 알약은 단단하니까 쓰레기 봉투에 넣어서 버리면 된다고 생각하기 쉬워요. 하지만 이러면 절대 안 돼요!

약품을 하수구에 버리면, 정수 과정에서 정화가 완전히 되지 못한 약 성분이 우리가 먹는 물로 다시 돌아올 수 있거든요. 또, 쓰레기봉투에 넣어 소각장에서 태운다고 해도 공기 중으로 날아간 약 성분이 호흡기를 통해 몸속으로 들어올 수 있답니다.

불용의약품은 가까운 약국, 보건소, 주민 센터(행정 복지 센터), 구청 등에 비치된 수거함에 버려야 해요. 폐의약품 수거함을 찾기 어려우면 '폐의약품'이라고 쓴 봉투에 넣어 우체통에 버려도 돼요. 이렇게 모인 약들은 다 모아서 밀폐된 공간에서

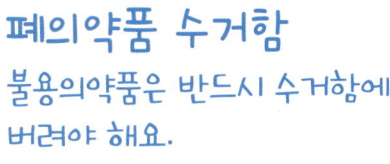

폐의약품 수거함
불용의약품은 반드시 수거함에 버려야 해요.

소각하기 때문에 연기가 밖으로 나가지 않고 우리한테 돌아올 일도 없어요.

약을 잘못 버린 대표적인 사례를 함께 볼까요?

2009년 세계적으로 신종 인플루엔자라는 전염병이 유행했어요. 치료제는 '타미플루'라는 약이었답니다. 그런데 그때 수질 검사에서 한강을 비롯해 낙동강, 금강, 영산강 등 전국 큰 강에서 엄청난 양의 타미플루 성분이 검출되었어요. 너무 심각해서 수질 오염이 걱정될 정도였지요. 이 일은 약을 함부로 버리면 안 된다는 교훈을 일깨워 준 사건이었죠.

미국을 비롯한 유럽 여러 나라에는 '주치의 제도'라는 것이 있어요. 각 가정의 가벼운 질병 치료, 질병의 예방, 약의 부작용을 관리하는 일을 의사가 주치의로서 담당하는 제도랍니다. 우리나라는 주치의 제도가 없기 때문에 건강에 대한 상담을 약사가 담당하기도 해요. 환자와 상담 후 처방이 필요 없는 약만으로는 치료하기 어렵거나 병원에서 꼭 검사를 받아야 한다고 판단되면 근처 병원으로 안내하지요. 또 약 외에 필요한 건강식품에 대해서도 상담하고 있어요. 그래서 나의 건강 상태를 잘 알고 있고, 궁금한 점에 대해 자세한 대답을 들을 수 있는 단골 약국이 있으면 좋답니다.

저는 밤늦게까지 일을 하는 편이에요. 일을 늦게 마치고 퇴근하는 사람들이 약을 사러 올 때도 있고, 밤에 갑자기 약이 필요한 응급 환자가 생길 수도 있거든요. 아침 8시 넘어서 약국으로 출근해 밤 10시가 넘어서 집에 가는 것이 보통이에요. 토요일도 영락없이 밤 10시까지 일하곤 하지요.

일요일도 근처 약국과 교대로 한 달에 한 번씩 일하고 있어요. 명절에도 근처 약국과 당번을 정해서 약국 문을 열지요. 물론 약사들도 다른 직장인들처럼 쉴 때는 쉬고 싶답니다. 휴가를 자주 갈 수 없어서 가족들한테 미안하지만, 제 도움이 필요한 동네 사람들을 생각하며 보람을 느끼고 있어요.

공부를 더 많이 하고 환자들에게 더 관심을 가질수록 질병이 환자들을 괴롭히지 않을 것이라는 믿음이 있답니다.

건강 지키기

약국에 자주 오시는 김통실 님은 뚱뚱하지 않지만 항상 날씬한 몸매가 소원인 분이랍니다.

어느 날 김통실 님이 힘없는 목소리로 푸념을 늘어놓으셨어요. 마침 한가한 시간이라 자세히 얘기를 들어 보았더니 본인은 건강한 사람이 아니었다는 것에 충격을 받으셨다고 해요.

김통실 님의 아들은 초등학교 1학년이에요. 얼마 전 학교 체육 대회에서 아들과 발을 한쪽씩 묶고 이인삼각 달리기를 하셨대요. 그런데 반환점을 다 돌기도 전에 지쳐서 아들한테 끌려가셨대요. 꼴찌를 한 아들이 엉엉 우는 모습을 보면서 '그동안 난 건강하다고 생각했는데 전혀 아니었구나'라고 하시는 거였어요.

건강이 뭐예요?

과연 건강이라는 것은 무엇이기에 돈이나 명예보다 소중하다고 하는 것일까요? 사람들의 건강을 지켜 주는 일을 하기를 바라셨던 아버지의 소원대로 저는 약사가 되었지만, 건강이란 것이 무엇일까 하고 궁금할 때도 많았답니다. 어렸을 때 할머니께 여쭤 봤더니 "건강이란 게 뭐겠니? 그냥 밥 잘 먹고, 잠 잘 자고, 화장실 잘 가는 거지."라고 하셨어요.

그래서 저는 약학 대학에 입학하자마자 건강이 무엇인지 알아보았어요. 전 세계 사람들의 건강에 대한 정책을 만드는 세계 보건 기구(WHO)는 건강을 '단지 병에 걸리거나 허약하지 않을 뿐만 아니라 육체적으로, 정신적으로 또 사회적으로 참으로 더할 나위 없는 상태'라고 했어요. 할머니가 말씀하신 것보다 건강은 훨씬 더 큰 의미를 가진 것이라는 걸 느꼈어요.

대학 시절에 배우고 또 약국에서 수많은 환자들을 만나면서 건강이라는 것은 '우리 몸이 항상성을 잘 지키고 있는 상태'라는 것을 알게 됐어요. '항상성'이라는 것은 한마디로 우리 몸이 정상을 잘 유지하고 있는 상태를 말해요. 항상성이 잘 유지되기 위해서는 호흡, 혈압, 소화 작용, 대사 작용, 배설 작용, 면역 작용처럼 우리 몸에서 쉴 사이 없이 작동되는 모든 작용이 문제없이 돌아가야 하지요.

즉, 우리가 숨을 쉬면서 산소를 들이마시고 밥을 먹으면, 밥 속의 영양분이 산소와 만나 에너지를 만들어요. 여기서 나온 이산화 탄소는 폐로 가서 다시 산소와 교환되고, 내쉬는 숨을 통해 몸 밖으로 나가요. 영양분은 에너지를 만드는 것뿐만 아니라 우리 몸을 이루는 근육과 뼈를 만들고, 상처를 치료하며 머리와 손톱이 자라는 것도 돕지요. 그리고 영양분을 모두 흡수한 뒤 나머지 찌꺼기를 배설하는 것도 항상성을 유지하기 위함이죠.

우리 몸에는 병균이나 바이러스로부터 스스로 지키기 위한 면역계라는 것이

있어요. 면역계는 여러 가지의 백혈구와 기관들이 힘을 합쳐서 몸 안으로 들어오는 병균과 몸에 해로운 물질들과 맞서 끝없이 싸운답니다. 그 싸움은 우리가 깨어 있을 때나 자고 있을 때에도 항상 계속돼요.

예를 들면 감기 바이러스는 항상 우리 주변에 도사리고 있지만, 몸 안에 면역 작용이 충분하면 바이러스는 우리 몸속에서 자라지 못해요. 하지만 갑자기 체온이 내려가면 열을 내기 위해서 영양분을 사용하는데 이때 영양분이 부족해지기도 해요. 그러면 면역 작용이 약해지는 틈을 타서 바이러스가 늘어나면서 감기에 걸리는 것이에요. 이렇게 우리 주변에 있는 병균이나 바이러스는 면역계와 팽팽한 줄다리기를 하고 있어요.

모든 질병은 예방이 가능할까요?

오늘은 민허리 할머니가 약국에 오시는 날이에요. 나이가 지긋한 어르신이 많은 약을 가져갈 때마다 늘 마음이 무겁고 안타까워요.

할머니는 고생을 많이 하셨는지 허리, 어깨, 무릎 등 안 아픈 데가 없다고 해요. 고혈압, 당뇨병, 고지혈증 같은 여러 가지 병도 늘 앓고 계시지요.

저기 민허리 할머니가 처방전을 들고 꾸부정한 걸음으로 약국을 향해 오시네요. 제 할머니를 생각하며 웃음 띤 얼굴로 민허리 할머니를 맞이합니다.

나이가 지긋하신 노인들은 많게는 하루 20알이 넘는 약을 먹기도 해요. 나이가 많아지면 뼈와 관절이 약해지기도 하지만, 여러 가지 병에 걸리게 되면서 먹어야 할 약이 많아져요. 약을 끊게 되면 더 건강이 안 좋아지기 때문에 참고 약을 먹어야만 해요. 질병은 걸린 후에 잘 치료하는 것보다 걸리지 않도록 예방하는 것이 제일 좋아요.

그러면 질병은 어떻게 예방하는 것이 좋을까요? 또, 모든 질병을 예방할 수 있을까요?

질병 예방은 어릴 적부터 시작해야 해요. 그러기 위해서는 건강한 습관을 만들어야 하지요. 아무리 맛있는 음식이라도 과식하는 것은 좋지 않아요. 적당히 먹는 것이 중요해요. 매일매일 운동하는 것도 매우 중요해요. 요즘 음식 중에는 열량이 높은 것들이 많아서 운동을 하지 않으면 남은 열량이 뱃살로 가기 쉽거든요.

지방이 쌓여서 혈관이 좁아지는 현상은 어렸을 때부터 시작돼요. 그래서 많이 먹고 운동하지 않는 나쁜 습관을 고치지 않는다면 어린 나이에 성인병에 걸릴 수 있어요. 우리 몸에 있는 뱃살은 성인병을 만드는 데서 그치지 않아요.

더 오랫동안, 더 많이 배가 나온 사람이 암에 걸리기 쉽다는 사실은 이미 알려져 있어요. 뱃살에서 염증을 일으키는 물질이 계속 나오기 때문이에요. 현대 의학이 많이 발전했다고 하지만 암은 완전히 치료하기 어려운 위험한 병이에요. 암을 예방하는 가장 좋은 방법은 음식 조절과 운동이랍니다. 이 방법을 잘 따르면 몸의 면역력도 항상 좋은 상태로 유지되기 때문에 병균에 의한 감염성 질병도 잘 안 걸리게 돼요. 물론 예방 주사도 꼭 필요하답니다. 모든 질병을 완벽히 예방할 수는 없지만, 음식 조절과 운동을 꾸준히 실천하면 건강을 유지하는 데 큰 도움이 돼요.

규칙적인 식사로 골고루 영양분을 섭취하면 대체로 건강을 유지할 수 있어요. 하지만 영양제가 필요할 때도 있지요. 특히, 성장기 어린이와 노인들은 식사만으로는 영양이 충분하지 않을 때가 있어요. 아기를 가진 임산부들도 마찬가지예요.

반대로 영양제를 너무 많이 먹어도 문제가 될 수 있어요. 특히 어린이용 비타민이 맛있다고 너무 많이 먹으면 오히려 건강에 해롭지요. 비타민은 모자라면 밤에 눈이 잘 안 보이고 잇몸에서 피가 나는 증상이 나타날 수도 있어요. 하지만 섭취량이 너무 지나치면 오히려 배가 아프거나 설사를 하는 부작용이 생길 수 있어요.

부작용이 너무 심하면 건강을 더 크게 잃을 수도 있어요. 특히 영양제로 인한 부작용은 갑자기 생기기보다 천천히 발전하는 경우가 많기 때문에 늦게 알아차리거나 아예 모를 수도 있답니다. 그래서 꼭 약사에게 어떤 영양제를 얼만큼 먹어야 할지 상담하고 나서 먹는 것이 좋아요.

약은 어떻게 효과를 나타낼까요?

약은 몸 안에서 흡수, 대사, 분포, 배설, 이 네 가지 단계를 통해서 약효를 나타내고 몸 밖으로 배출돼요.

먼저 약이 우리 몸으로 흡수되는 과정을 볼까요? 약은 입을 통해서 몸 안으로 들어가요. 그리고 식도를 지나 위장으로 내려간 다음, 소장을 거쳐 대장에 도착해요. 여기서 다시 혈관을 타고 간을 지나 온몸으로 퍼지게 돼요.

그런데 이 과정을 거치면서 흡수되는 양은 생각보다 많지 않아요. 보통 먹는 약의 1/5정도만 흡수된다고 해요. 100mg의 약을 먹었다면 실제로는 20mg만 흡수되는 거지요. 그렇다고 효과가 떨어지는 것은 아니에요. 실제 필요한 양이 20mg정도인 거예요. 즉, 중간에 없어지는 양까지 계산해서 처음에 100mg을 먹도록 만든 거예요.

약이 잘 흡수되게 하려면, 약을 미지근한 물과 함께 먹는 것이 제일 좋아요. 너무 차가운 물과 함께 약을 먹으면 위장이 놀라서 운동을 멈추기 때문에, 약이 빨리 흡수되지 못할 수 있어요. 반대로 너무 뜨거운 물과 먹으면 약이 위장에 내려가기 전에 식도 안에서 녹아 버릴 수도 있지요.

가끔 물 없이도 약 먹을 수 있다고 자랑하는 친구들도 있는데 좋지 않은 습관이에요. 물을 너무 적게 마시면 약이 식도를 통과하지 못하고 달라붙어 식도에 염증을 일으킬 수 있거든요. 그래서 충분히 물을 마셔야 한답니다.

약이 위장과 소장을 거쳐 대장에 도착하면 대장 안에 살고 있는 세균들이 약을 분해하기 시작해요. 이것을 장내 세균에 의한 '대사'라고 하지요. 대장 안에는 셀 수 없이 많은 세균들이 살고 있어요. 우리가 대변을 보게 되면 대변 무게의 절반이 세균일 정도예요. 유산균처럼 우리 몸에 유익한 균도 많지만 설사나 배탈을 일으키는 해로운 균도 있지요. 대변을 보고 난 뒤에는 대장 속 세균은 많이 줄어요. 그렇지만 곧 다시 증식해 원래 수를 채울 수 있어요.

대장 속 세균 중 일부 균들이 약을 분해해요. 균들이 약을 분해하면 원래 약 성분과 조금 다른 물질이 생겨요. 이것을 '대사체'라고 해요. 대사체는 혈관을 타고 간으로 이동해 다시 분해되지요. 이 과정까지 거쳐야 대사가 끝나요.

대사 과정이 꼭 필요한 이유는 대사를 통해서 약이 효과를 나타내고, 독성이 줄어들 뿐 아니라 소변이나 대변으로 배설되도록 만들어 주기 때문이에요. 약의 대사에는 비타민이나 미네랄, 단백질 등의 영양소가 쓰여요.

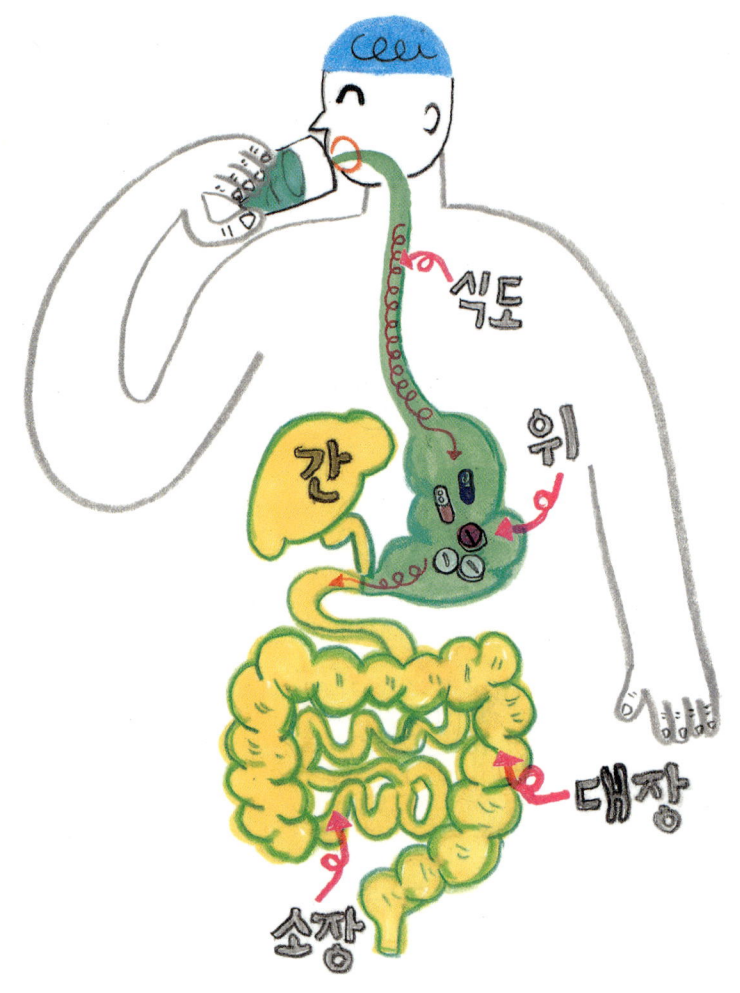

　약을 먹을 시점에 영양실조이거나 간염에 걸려 있거나 간 기능이 떨어져 있는 경우, 약이 제대로 대사가 되지 않을 수 있어요. 그러면 부작용이 나타날 수 있으므로 약을 먹을 때, 밥을 잘 먹고 기름기가 있는 식사는 멀리해야 해요. 어른들도 약을 먹을 때는 술을 피하는 게 좋아요.

　자, 대사가 끝나면 효과를 나타내는 약 성분은 목적지로 이동해요. 원래 약을 만들 때, 심장을 치료하는 약은 심장에 가서 효과를 나타내게 하고, 폐를 치료하는 약은 폐에 가서 효과를 나타내게 만들었지요. 그래서 약은 혈관을 타고 목적지로 가게 됩니다. 이것을 '분포 작용'이라고 해요.

이때 약은 혈관 속에서 혼자 돌아다니는 것이 아니라 몸 안에 있는 단백질이나 지방 같은 영양소와 결합하고 있어요. 시간이 지날수록 조금씩 결합이

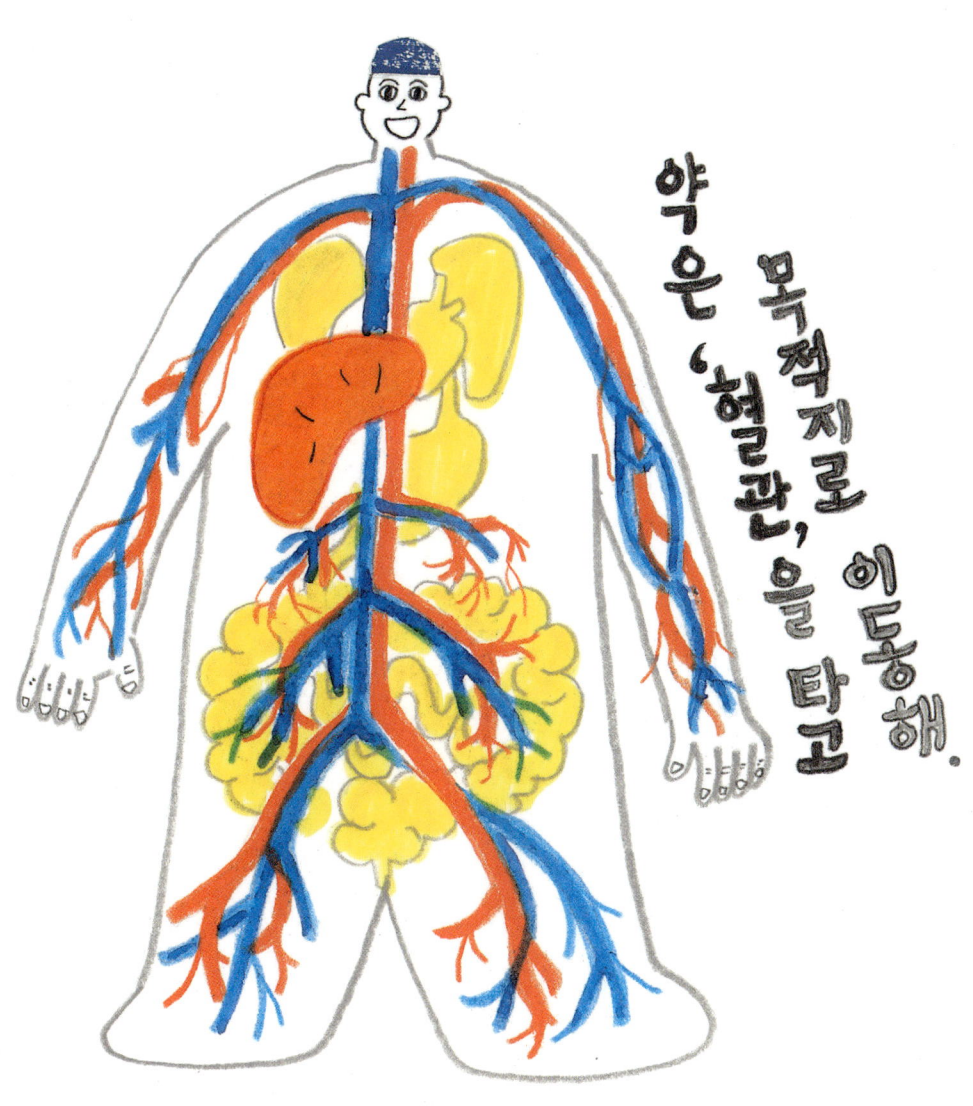

약은 목적지로 '혈관'을 타고 이동해.

끊어지고, 약이 핏속으로 떨어져 나오게 되지요. 그때서야 약은 비로소 효과를 나타내요.

만약 덩치가 크고 체중이 많이 나가는 어린이라고 해도 어른이 먹는 양의 약을 먹는 것은 위험해요. 어린이는 성인에 비해 지방이나 단백질이 적기 때문에 갑자기 약효가 높아지면서 부작용도 커질 수 있거든요.

약은 효과를 내면서 몸 밖으로 빠져나가요. 이것을 배설 작용이라고 해요. 신장(콩팥)으로 배설되는 약은 소변으로 나오고, 간으로 배설되는 약은 대변으로 나와요. 배설이 빠른 약은 자주 먹어야 효과가 유지되는 번거로움이 있어요. 요즘은 약이 몸 안에 비교적 오래 머물 수 있도록 만들어지는 경우가 많아요. 일주일에 한 번, 한 달에 한 번 복용하는 약도 있을 정도지요.

사람마다 약을 대사시킬 수 있는 능력이 달라요

체중이 많이 나가는 사람, 적게 나가는 사람이 있고, 밥을 먹어도 소화를 잘 시키는 사람이 있고, 툭하면 체하는 사람도 있어요. 마찬가지로 약을 먹어도 약에 따라서 대사를 잘 시키는 사람도 있고, 그렇지 않은 사람도 있어요. 약을 대사시키는 것은 약을 분해하는 효소의 많고 적음에 따라 달라요.

약을 대사시키는 능력의 차이 때문에 2000년 미국에서 아주 심각한 사건이 벌어졌었어요. 아홉 살 소년 마이클은 어릴 적부터 투렛 증후군을 앓고 있었어요. 투렛 증후군은 신체의 일부분을 자기도 모르게 반복적으로 빠르게 움직이거나 의미 없는 소리를 자꾸 내는 병이지요.

마이클의 부모는 이 병을 치료하기 위해 정신과 전문의한테 마이클을 데려가 진료를 받고 우울증 치료제를 먹였답니다. 그런데 약을 복용한 지 얼마 지나지 않아 마이클은 갑자기 목숨을 잃었어요. 경찰은 이 사건이 살인이냐 아니냐를 놓고 수사했고, 아이한테 독약을 먹인 것이 의심되어 마이클의 부모가 살인 용의자가 되었답니다.

나중에 진짜 원인이 밝혀졌어요. 아이의 혈액에서 전혀 대사 되지 않은 우울증 치료제가 많이 발견된 거예요. 즉, 마이클은 태어날 때부터 그 약을 대사시킬 수 있는 효소가 전혀 없었던 거예요. 이렇게 살인 혐의는 풀렸지만, 마이클의 부모는 자식을 영영 잃고 말았지요. 마이클에게 우울증 치료제를 대사시킬 수 있는 효소가 없다는 것을 미리 알고 다른 약을 주었더라면, 이런 비극은 벌어지지 않았을 거예요.

약은 어떤
모습일까요?

약이 섞여도 문제없어요

　오늘 아침 약국을 제일 먼저 찾아온 사람은 강다양 할아버지였어요. 할아버지가 부랴부랴 약국에 오신 이유는 모든 약이 뒤죽박죽 섞여 버렸기 때문이에요. 할아버지의 귀여운 막내 손녀가 서랍에 넣어 두었던 약을 몽땅 꺼내 약봉지를 갈기갈기 찢어 놓았다고 해요.

　할아버지의 약은 종류도 많고 아침, 점심, 저녁 먹는 약이 모두 달라서 직접 분류할 수 없었어요. 저는 뒤섞인 약을 다시 분류해서 할아버지께 드렸어요. 또 할아버지의 처방 기록을 보고 약의 이름과 그림을 출력해서 정리해 드리기도 했지요. 할아버지는 무척 신기해하셨지만 사실 약사라면 누구나 할 수 있는 일이랍니다.

　약을 자세히 보면 모두 색과 크기, 모양이 다르다는 것을 알 수 있어요. 또 약에는 알파벳이 새겨져 있는 경우도 있는데, 이는 보통 제약 회사나 약의 이름이랍니다. 약사들은 이 모든 정보를 알고 있어서 아무리 많은 약이 섞여 있더라도 한눈에 보고 어떤 약인지 분간해 낼 수 있어요.

인터넷 정보의 도움을 조금만 받는다면 여러분도 어떤 약인지 알아낼 수 있어요. 내가 먹는 약이 어떤 것인지 검색을 도와주는 사이트가 있거든요. 대표적인 국내 정보 사이트로는 약학정보원, 드럭인포, 킴스온라인 세 곳이 있어요. 이곳에 접속해서 약에 새겨진 글자나 모양, 색깔, 형태(알약 또는 캡슐 등) 등을 입력하면 내가 먹는 약과 같거나 비슷한 약들을 보여 주지요. 그 덕분에 우리는 가지고 있는 약이 어떤 것인지 알 수 있어요.

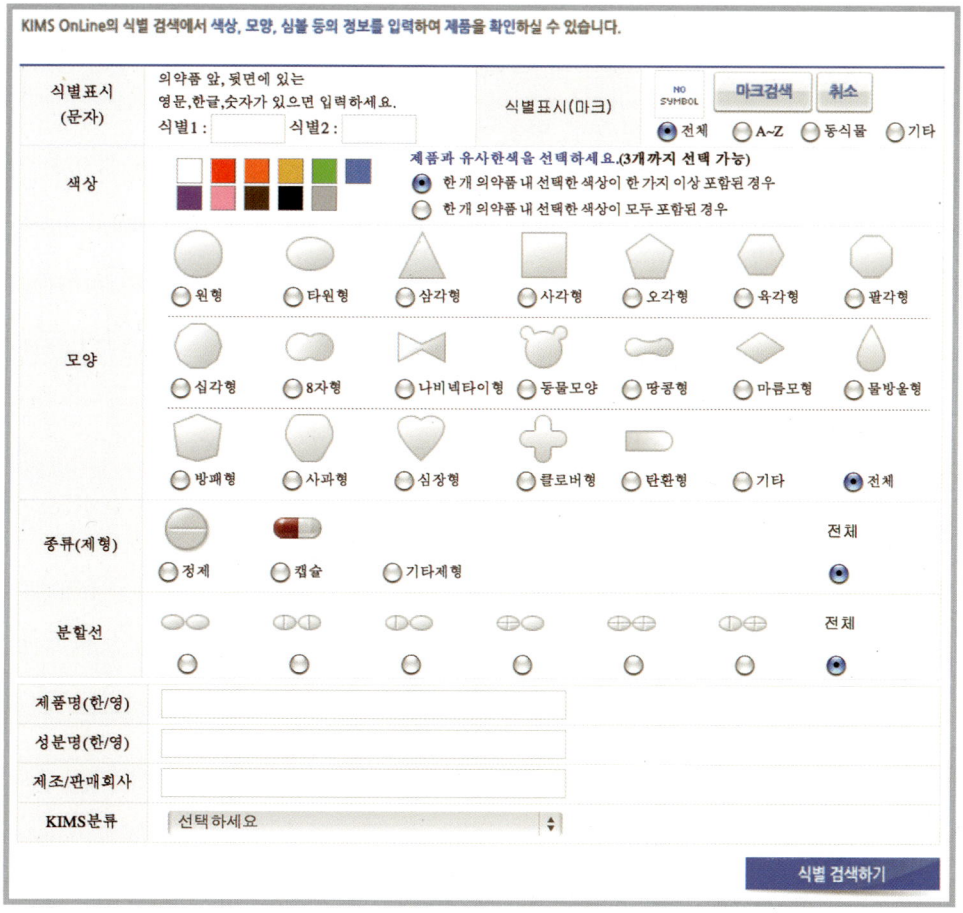

↑ 킴스온라인(http://www.kimsonline.co.kr)
● 약학정보원(http://www.health.kr)　　● 드럭인포(http://www.druginfo.co.kr)

꿀꺽 삼켜요, 알약과 캡슐

입으로 삼키는 약은 크게 알약과 캡슐이 있어요.

두 가지 약의 가장 큰 차이는 약이 흡수되는 속도예요. 알약은 몸 안에서 분해되면서 약의 겉면부터 서서히 깎여 나가는 방식으로 흡수돼요. 그러다 보면 약물이 천천히 흡수되지요. 반면, 캡슐은 겉을 젤라틴이라는 물질로 만들어요. 이 젤라틴은 몸 안에서 빠르면 10분, 늦어도 30분 안에 다 녹아요. 그러면 안에 있는 약들이 빠르게 빠져나오겠죠? 그래서 한 번에 약물이 흡수되어도 괜찮은 약들이 캡슐로 만들어져요. 한 번에 많은 양이 흡수되어야 효과가 나타나는 약도 캡슐로 만들어요.

캡슐은 대부분 위에서 내뿜는 위산에 녹아요. 위산은 산성이 강해서 캡슐을 쉽게 녹이지요. 만약 위를 지나 장까지 가서 작용해야 하는 약이 있다면 위산에 잘 견디는 물질로 캡슐을 만들어요.

대표적인 것이 유산균약이에요. 변비에 잘 걸리고 배 속에 가스가 많이 차는 사람들이 먹는 것이 유산균약이에요. 이때 캡슐이 위 안에서 녹으면 유산균은 장에 도달하기도 전에 다 죽어 버리고 말아요. 그래서 위가 아닌 대장 안에서만 녹을 수 있는 물질로 캡슐을 만들고 유산균을 캡슐 안에 담는답니다.

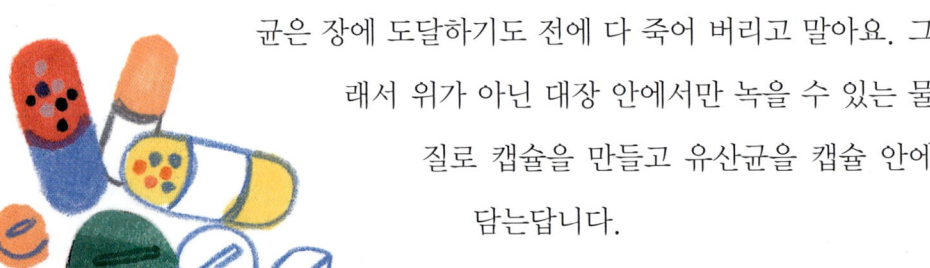

쓱쓱 발라요, 연고

연고는 상처난 곳에 바르는 약이라는 건 알고 있지요? 그런데 상처가 나면 왜 약을 먹는 대신 연고를 상처 부위에 바를까요?

상처가 너무 심하면 염증을 막기 위해 항생제를 먹어야 해요. 하지만 가벼운 상처는 연고를 바르는 것만으로도 충분하답니다. 항생제가 직접 상처에 작용하려면 항생제를 많이 먹어야 되는데, 잘못하면 몸에 부담을 줄 수 있기 때문이에요.

상처가 나면 사람들은 습관적으로 소독부터 하는 경우가 많아요. 약국에서 쉽게 살 수 있는 과산화 수소수나 빨간약이라고 불리는 '포비돈 요오드'라는 소독제가 많이 쓰이지요. 하지만 심하지 않은 상처라면 물로 깨끗하게 씻는 것만으로 충분하답니다.

사람의 피부에는 많은 세균들이 살고 있어요. 만약 상처가 나서 다른 세균들이 침입하면, 미리 자리 잡은 세균들이 힘을 합쳐 싸워 물리치지요. 그런데 지나치게 소독을 해 버리면 이 세균들까지 같이 죽어 버리고 말아요.

상처가 났을 때는 상처 주위의 흙이나 먼지를 깨끗한 물로 씻은 후 항생제 연고를 얇게 바르고 일회용 반창고를 붙이면 돼요.

쏙 밀어 넣어요, 좌제

먹고 바르는 약 외에 항문 좌제라는 약도 있어요. 약을 항문으로 삽입하는 것이죠. 마치 로케트같이 생겼어요. 항문에 쉽게 들어갈 수 있게 끝을 약간 뾰족하게, 겉은 매끄럽게 만들었어요.

'으윽, 항문에 약을 집어 넣다니!' 하며 항문에 약을 넣을 바엔 차라리 약을 먹겠다고 생각하는 사람이 있나요? 항문 좌제는 약을 먹을 수 없을 때 또는 항문 좌제로 약을 투여했을 때 더 효과가 있을 경우에 사용해요.

어린아이라서 약을 먹이기 어려울 때나 위장에서 쉽게 분해되어 효과를 잘 나타내지 못하는 약을 투여할 때 주로 항문 좌제를 사용한답니다. 또 약을 먹었을 때 위장을 너무 괴롭게 하는 약도 항문 좌제로 투여하면 괜찮아요.

약은 어떻게
먹는 것이 좋을까요?

오늘은 일요일이에요. 우리 약국의 휴일이지요. 하지만 약국에 나와서 손님을 기다리고 있어요. 바로 사랑하는 조카 파미가 약국에 오기로 했거든요. 파미는 어릴 적부터 유난히 궁금증이 많은 아이였어요. 저만 보면 '삼촌, 왜 밥을 안 먹으면 배가 고픈 거죠?', '삼촌, 왜 여름에는 낮이 길어요?' 같은 질문을 끝없이 던지며 저를 괴롭혔답니다.

이제 열한 살이 된 파미는 종종 제가 일하는 약국에 와서 한참 놀다 가곤 해요. 파미는 그동안 환자들과의 대화를 들으면서 궁금한 게 있었대요. 한꺼번에 질문을 모아 온다고 하는데, 어떤 것일지 기대가 돼요. 파미가 오면 가장 좋아하는 과일 맛 비타민을 주려고 해요. 비타민을 받고 좋아할 파미의 모습을 생각하면 절로 웃음이 나요.

엄마, 아빠와 함께 약국으로 달려온 파미는 그동안 궁금했던 질문을 적어 왔어요. 열한 살 아이의 질문치고는 수준이 정말 높아서 깜짝 놀랐어요. 이 정도만 알아도 파미는 '똑똑박사'라는 별명이 지나치지 않을 것 같아요. 어떤 질문인지 함께 볼까요?

> 1. 약은 왜 식후 30분에 먹는 게 좋아요?
> 2. 같이 먹으면 안 되는 약과 음식은 무엇일까요?
> 3. 약의 부작용이라는 건 뭐예요?

약은 왜 식후 30분에 먹어요?

"약은 식후 30분에 드세요."

약국에서 약사들이 흔하게 하는 말이에요. 밥을 먹고 나면 위장 안에는 음식물이 가득 차 있어요. 이 음식을 소화시키기 위해서 위장은 열심히 음식물을 쥐어짜는 운동을 하고, 음식물을 녹일 수 있는 위산을 내보내서 죽처럼 만들어요. 소화가 어느 정도 이뤄지면 우리의 몸은 조금씩 조금씩 위장의 문을 열어 다음 차례인 소장으로 내려 보냅니다.

그래서 밥을 먹은 지 30분 정도 지나면 음식물도 거의 다 소화되고 위장이 많이 비워져 있어요. 이때 약을 먹으면 음식물과 섞이면서 약의 효과가 떨어지는 것을 방지할 수 있지요. 음식물에도 약과 결합하는 성분들이 많기 때문에 많이 섞일수록 약의 효과는 떨어지거든요. 하지만 모든 약을 식후 30분에 먹는 건 아니에요. 예를 들어 당뇨병 약은 식사 전에 먹어서 식사로 인해 혈액 중에 당분이 많이 만들어지는 것을 조절해요.

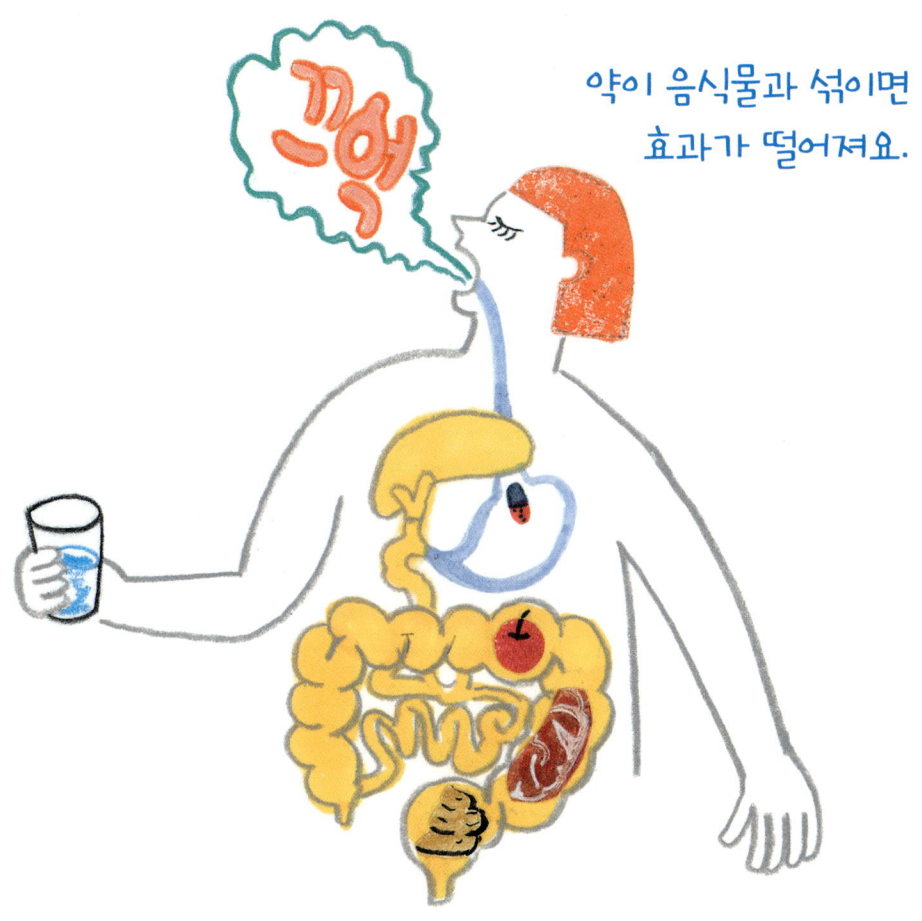

같이 먹으면 안 되는 약과 음식

 파미의 친구들은 주스를 정말 좋아해요. 사과주스, 포도주스, 오렌지주스, 딸기주스 등등 참 맛있는 주스들이 많지요. 하지만 주스 중에 약과 같이 먹으면 안 되는 주스가 있어요. 바로 자몽주스예요.
 자몽주스는 약물의 분해를 방해하는 작용을 할 수가 있어요. 약의 분해가 늦어져 몸 안에 많은 양의 약이 남게 되면, 부작용이 훨씬 더 많이 나타나서 위험할 수도 있어요. 그래서 약을 먹을 때는 가급적 자몽주스를 먹지 않는 것이 좋아요.

감기약과 함께 먹으면 좋지 않은 음료는 또 있어요. 커피와 녹차예요. 감기약에는 카페인이라는 성분이 많은데, 커피나 녹차에도 많이 들어 있거든요. 카페인을 많이 먹으면 잠을 잘 못 잔다고 알려져 있어요. 그래서 카페인에 민감한 사람들은 저녁에 잠이 오지 않을까 봐 커피를 일부러 안 마시기도 해요.

카페인은 커피에도 많지만 콜라나 초콜릿에도 많아요. 그래서 어린아이가 감기약과 초콜릿을 같이 먹어 카페인 중독으로 생명을 잃은 적도 있어요. 아이가 먹은 감기약에도 많은 양의 카페인이 들어 있었거든요.

이런 안타까운 일을 방지하려면 우리가 먹는 약에 대해서 잘 아는 것이 중요하답니다.

약의 부작용은 무서워요!

약을 먹고 몸이 불편했던 경험이 있나요? 감기약을 먹으면 졸린 것도 부작용에 해당돼요. 예전에는 이 부작용을 감기약에 수면제를 넣어서 푹 쉬게 만들어 주는 거라 생각했어요. 하지만 이런 추측과 달리, 약을 먹고 졸린 것은 엄연한 부작용이지요.

보통 많이 나타나는 약의 부작용으로는 졸음 외에도 변비, 설사, 두통, 배 앓이, 밥맛이 떨어지거나 잠이 안 오는 증상 등이 있어요. 사람마다 다르지만 보통은 나타났다가 약을 더 이상 먹지 않으면 사라지는 경우가 대부분이에요.

반면, 심한 부작용도 있어요. 약 먹는 것을 아예 중단해야 할 정도로 심각한 것도 있고, 건강을 크게 해치는 부작용도 많답니다. 정말 심각한 부작용을 알아채지 못하고 계속 약을 복용하다가 이미 건강을 회복할 수 없을 만큼 늦는 경우도 있어요.

부작용을 줄이기 위해 약은 시중에 나오기 전, 임상 시험이라는 과정을 거쳐요. 이 과정에서 약의 부작용을 어느 정도 알아내지요. 하지만 이것으로는 충분하지 않아요. 일단 약이 제품으로 팔리기 시작하면 많은 사람들이 먹은 다음에 알게 되는 부작용이 훨씬 더 많거든요.

약의 부작용은 흔히 빙산에 비유되곤 해요. 빙산은 물 밖으로 나온 부분보다 물속에 숨겨져 있는 부분이 훨씬 크지요. 약품의 부작용도 마찬가지예요.

하지만 약의 부작용이 무섭다고 약을 안 먹을 수는 없어요. 의사의 처방대로 약을 제대로 먹고, 약을 먹다가 문제가 생겼을 때는 빨리 약국이나 처방받은 병원을 찾아가면 돼요.

약을 많이 먹으면 어떻게 돼요?

우리나라 사람들은 세계에서 가장 약을 많이 먹어요. 다른 나라 사람들이 한 번 약을 먹을 때 평균적으로 대략 2.6가지의 약을 먹는 반면, 우리나라 사람들은 4.16가지의 약을 먹는다고 해요. 외국 사람들이 우리나라 사람들이 먹는 양을 보고 '이걸 정말 사람이 하루에 다 먹을 수 있나요?'라고 물어볼 정도지요. 약을 많이 먹으니 약의 부작용도 많이 나타나요. 우리나라의 약 부작용 보고 건수는 세계 최고 수준이랍니다.

더 무서운 것은 세균을 물리치는 항생제도 많이 먹는다는 것이에요. 문제는 항생제를 많이 먹으면 더 이상 세균을 죽이지 못하는 항생제 내성도 많이 생긴다는 거예요. 세균이 항생제에 적응하면 더 이상 항생제의 효과가 나타나지 않는답니다. 그 결과 슈퍼 박테리아라는 세균이 태어나요. 슈퍼 박테리아는 어떤 항생제에도 죽지 않는 세균이기 때문에 아무리 약을 먹어도 병이 낫지 않는 무서운 결과를 가져온답니다.

우리나라는 슈퍼 박테리아의 종류에 따라 다른 나라의 평균보다 적게는 10배에서 많게는 30배까지도 내성이 높아요.

현재 발견된 것 중 제일 무서운 것은 '반코마이신'이라는 항생제에 내성을 가진 균이에요. 반코마이신은 '인류 최후의 항생제'라 불리는 강력한 항생제예요. 만약 여기에 내성을 가진 균이 유행하게 된다면 전쟁보다 무서운 위험이 올 수도 있답니다.

항생제는 반드시 처방받은 만큼 다 먹어서 균을 끝까지 죽이는 것이 중요해요. 그리고 남겼다가 나중에 의사의 처방이나 약사와 상담 없이 먹는 일이 없도록 하여야 합니다.

소와 함께하는 축산업자의 운명

우리나라에서 항생제 내성을 제일 많이 갖고 있는 직업은 무엇일까요? 바로 소와 함께 일하는 축산업자예요. 일부 축산업자들은 소를 키우면서 항생제를 많이 먹이는데, 이때 사료가 담긴 곳에 항생제 분말을 풀어 둔다고 해요.

소에게 항생제를 먹이는 이유는 소가 병에 걸려서가 아니에요. 항생제를 먹이면 소가 빨리 자라기 때문이에요.

항생제를 먹이면 소가 빨리 자라는 이유에 대해서는 여러 가설이 있어요. 항생제가 소에게 나쁜 영향을 주는 세균들을 죽이기 때문이라는 얘기도 있고, 항생제 때문에 장내 세균이 많이 죽으면 비만해지기 쉽다는 얘기도 있어요.

소가 하루에 먹는 항생제의 양은 사람이 먹는 양의 30배에 달한대요. 소의 하루 배설량이 많게는 사람의 400배 정도인 것을 보면, 정말 엄청난 내성균이 자연으로 쏟아져 나오는 것이지요.

소를 키우는 축사를 자주 청소한다고 해도 얼마 지나지 않아서 배설물로 덮이기 마련일 거예요. 그러면 소의 배설물에 섞여 있는 내성균들이 축사 안에 가득하게 돼요. 세균 중에서도 내성을 많이 가진 세균들이 다른 세균과의 경쟁에서 이기기 쉽기 때문에, 얼마 지나지 않아서 이런 내성균들이 축사에

득실거리지요.

　축산업자들은 축사를 치우고 소에게 먹이를 주는 일을 하면서 자연스럽게 항생제에 내성을 가진 균들과 접촉할 수밖에 없어요. 이렇게 내성균에 감염될 기회가 많으면 항생제 내성이 높아질 수밖에 없답니다.

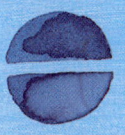
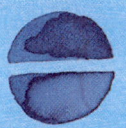

주사에 대해서 알아봅시다

주사는 싫지만
꼭 맞아야 해요

오늘은 동네가 시끄러운 날이에요. 강소심이 주사를 맞으러 가는 날이거든요. 어떻게 아냐고요? 병원으로 가려면 약국을 지나야 하는데, 멀리서부터 엄마에게 끌려오는 소심이의 울음소리가 들리거든요.

소심이는 높은 데 올라가는 것도 빠르고 수영장에서도 제일 열심히 놀지만, 주사를 정말 싫어하는 것으로 소문이 나 있어요. 동네 어른들은 처음에 소심이를 걱정했지만 주사를 맞고 나면 아무 일 없었다는 듯 싱글벙글거리는 모습을 보고는 더는 걱정하지 않지요.

주사 잘 맞는 법

어른이 되어서도 주사는 무서워요. 아이나, 어른 할 것 없이 주사를 싫어하는데 왜 주사약을 만들어 바늘로 찔러야 할까요?

앞에서도 말했듯이 먹는 약은 몸에 흡수되는 양이 적어요. 그리고 대장과 간에서 일어나는 대사 과정을 거치기 때문에 효과가 늦게 나타날 수밖에 없지요. 반면에 주사약은 혈관 속에 들어가서 별도의 대사 과정을 거치지 않고도 효과가 나타나지요. 그래서 약의 대부분이 흡수될 수 있어요. 다시 말해, 딱 필요한 만큼만 약을 쓰는 게 가능하고, 혈관에 바로 들어가 효과도 빨리 나타나기 때문에 주사를 놓는 거랍니다.

그런데 모든 주사를 혈관에 바로 놓는 것은 아니에요. 혈관에 놓는 주사는 주로 팔에 맞지만, 근육에 놓는 주사는 엉덩이에 맞거든요.

주사를 통해 몸 안으로 투여하는 약이 물에 잘 녹는 성분이면 혈관주사를 사용해요. 이런 성분을 수용성 성분이라고 하지요. 반면 물에 잘 안 녹고 기름에 잘 녹는 성분은 지용성 성분이라고 하죠. 지용성 성분은 주사약으로

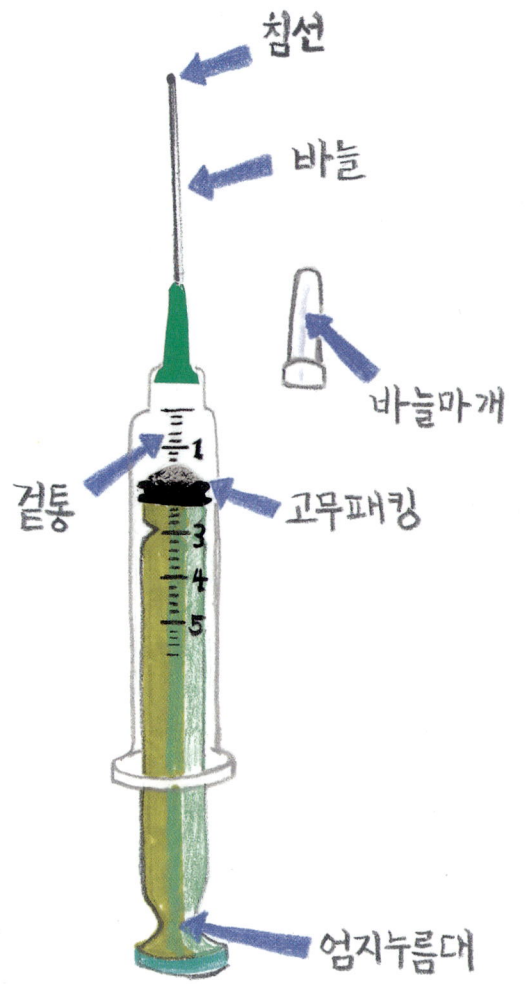

만들 때도 콩기름 같은 것에 녹여요. 그런데 기름을 혈관 속에 바로 넣으면 쇼크를 일으킬 수 있어요. 그래서 엉덩이 같이 근육이 많은 곳에 주사를 놓지요. 엉덩이는 근육이 많기 때문에 아프긴 해도 별다른 이상은 없어요.

팔에 놓는 주사는 혈관에 바로 놓거나 혈관에서 가까운 피부 밑 지방에 놓기 때문에 주사를 놓을 때는 잠시 따끔해요. 반면에 엉덩이에 놓는 주사는 주사약이 흡수되는 동안 아프고 뻐근한 경우가 많아요. 엉덩이에 주사를 맞은 후에는 잘 문질러 주면 통증이 빨리 가라앉아요.

주사를 맞을 때 알코올을 적신 솜으로 미리 주사 맞을 곳을 소독해요. 솜이 맞을 곳에 닿으면 굉장히 차갑게 느껴지는데, 이건 알코올이 공기 중으로 잘 증발하는 특성 때문이랍니다. 알코올이 증발하면서 주변의 열을 빼앗아 가거든요. 그래서 따뜻한 살갗에 닿으면 약간의 열이 빠져나가고 차갑게 느껴지는 거예요.

주사를 놓기 전에 주사기의 엄지누름대를 잡고 당기면 몸체 앞부분에 공기가 들어가지 못하면서 공기가 없는 진공 상태가 되어요. 그럼 압력이 낮아지면서 그 부분으로 약물이 자연스럽게 흘러들어 가요.

주사약을 주사기에 채우기 전 약병은 왜 흔드는 걸까요? 그건 주사약 중에는 평소에 완전히 녹지 않는 것들이 있기 때문이에요. 그래서 주사를 놓기 직전에 잘 흔들어서 섞어 주어야 하지요.

어느 주사약이나 투여할 때 주의할 점이 있어요. 주사를 맞은 뒤 맞은 부위를 누르는 거예요. 혈관에 직접 놓는 주사일 경우 주삿바늘에 의해 혈관에 구멍이 나는데, 이 구멍은 주삿바늘을 뺀 후에도 여전히 남아 있어요. 그래서 1분 정도 알코올 솜으로 눌러 주어야 한답니다.

만약 맞은 부위를 꽉 누르지 않거나 문지르면 피가 빠져 나오면서 붓고 멍이 들게 되어요. 항암제처럼 아주 강한 약을 주사했을 때, 잘 눌러 주지 않으면 약이 새게 되고 약이 닿은 피부가 상할 수 있어요.

예방 주사는 피부 속에 있는 속살과 근육 사이에 주사한답니다. 팔에 예방 주사를 맞은 뒤에는 주사 부위를 꼭 눌러 주는 것이 좋아요. 엉덩이에 주사를 맞으면 충분히 문질러야 약물이 골고루 혈관을 통해 퍼지면서 효과도 잘 나타나고 엉덩이 통증도 적어진답니다.

주사약도 부작용이 나타날 때가 있어요. 그래서 주사를 맞은 후에는 병원이나 보건소에서 30분 정도 기다리는 것이 안전해요. 만약에 이상이 있으면 바로 조치를 받아야 하니까요.

가령, 독감 예방 주사에는 독감 바이러스의 껍질이 들어 있어요. 바이러스 껍질 때문에 감기에 걸리지는 않지만, 몸 안의 면역계가 주사약 안에 있는 바이러스의 껍질과 싸우는 과정에서 몸에 열이 생길 수 있어요. 그러니 독감 예방 주사를 맞은 날은 심한 운동은 피하고 쉬는 게 좋아요.

또 주사를 맞은 날에는 주사기에 의해 생긴 작은 구멍으로 물이 들어가서 염증이 생길 수도 있으니 샤워를 하지 않는 것이 좋아요. 또 주사를 맞고 가렵다고 긁으면 염증이 생길 수 있으니 긁지 말아야 하고요. 주사를 맞기 전에 힘을 주면 근육이 딱딱해지면서 더 아플 수 있어요. 주사를 맞을 때는 마음을 편안히 갖고 몸에 힘을 **빼는** 것이 좋아요.

주사약도 가지가지

주사약은 먹는 약보다 훨씬 더 흡수도 잘 되고 약효가 빨리 나타나지만, 모든 약을 주사로 투여하지 않아요. 어떤 약을 주로 주사로 맞아야 하는지 한번 알아볼까요?

감염성 질병은 일곱 살 때까지 예방 접종으로 예방할 수 있어요. 이때 대부분의 전염병에 맞설 수 있는 힘이 생긴답니다. 예방 접종은 꼭 그 나이에 맞아야 할 것이 있고, 한 번만 맞아서는 저항력이 생기지 않기 때문에 여러 번 맞아야 하는 것도 있어요.

많은 예방 접종을 국가에서 무료로 지원해 주고 있어요. 그러니 병원에 가서 시기마다 필요한 예방 접종을 꼭 맞으세요. 예전에는 예방 접종 내역을 수첩에 기록해서 확인했지만, 지금은 질병관리청 예방 접종 도우미 사이트에서 자신의 예방 접종 기록을 확인할 수 있어요. 또 예방 접종을 받았다는 증명서를 발급 받을 수도 있지요. 접종 기록과 증명서는 특히 해외에 오랜 기간

나가야 할 때 필요해요. 다른 나라 사람들이 전염병을 옮기지 않도록 많은 나라가 예방 접종 여부를 확인한답니다. 아기가 태어나서 초등학교에 갈 때까지 맞아야 하는 예방 접종은 약 16가지가 넘어요. 예방 접종 덕분에 상당수의 전염병을 걱정하지 않고 살 수 있답니다.

항생제를 주사약으로 맞을 때도 있어요. 병균 감염으로 생긴 염증이 심하거나 잘 낫지 않는 경우에는 약효가 빠른 항생제 주사를 놓지요. 주사로 항생제를 투여하면 약으로 항생제를 먹는 것보다 효과가 빨라요. 하지만 항생제 주사를 너무 자주 맞으면 부작용이 생길 수가 있어요. 또 내성이 생기기도 쉽기 때문에 항생제 주사는 꼭 필요한 경우, 꼭 필요한 양만큼만 맞아야 해요.

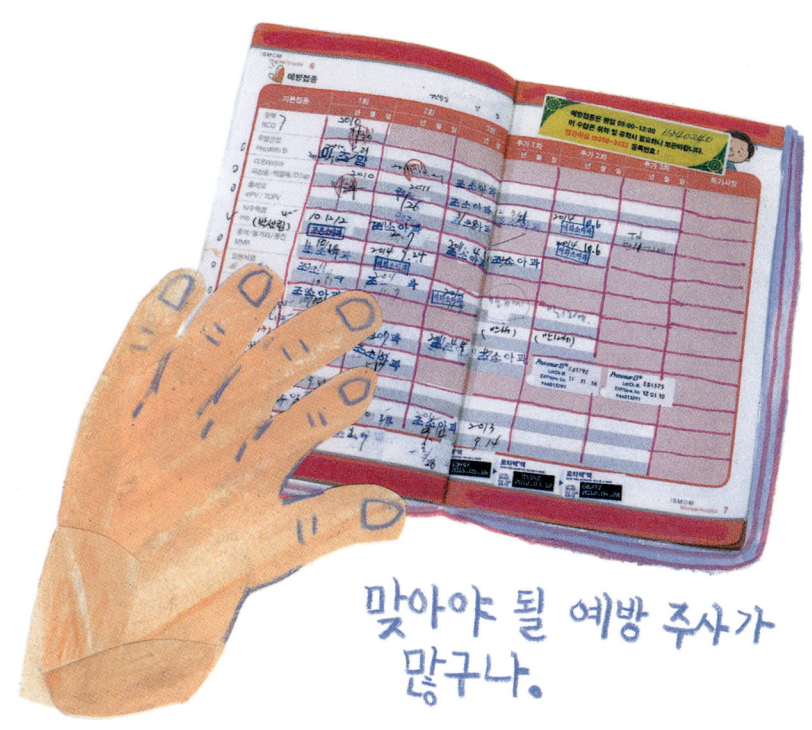

맞아야 될 예방 주사가 많구나.

진통제도 주사로 놓는 대표적인 약이에요. 아픔을 빨리 가라앉혀 주기 때문이지요. 수술 후, 통증이 너무 심하거나 큰 부상을 입었을 때 진통제 주사를 맞아요. 환자가 고통이 심할 때는 진통제 주사를 자주 요구하는데, 그때마다 진통제 주사를 맞으면 호흡 곤란이나 쇼크 같은 심한 부작용이 나타날 수 있어요. 진통제 주사를 맞을 때는 반드시 시간 간격을 잘 지켜야 한답니다.

주사약으로 투여하는 또 다른 약은 마취제예요. 마취제는 전신 마취제와 국소 마취제가 있어요. 상처가 찢어져서 꿰맬 때는 보통 국소 마취제를 써요. 꿰매기 전 상처 주위 근육에 마취제를 아주 조금씩 주사하고, 잠시 후 감각을 못 느끼는지 확인해요. 마취가 된 것을 확인한 후에 상처를 꿰매요.

마취가 오래 지속되는 전신 마취제는 큰 수술을 할 때 사용해요. 일시적으로 중추 신경의 기능을 마비시켜 통증을 못 느끼게 하는 원리지요. 수술하기 전에 호흡기를 통해 환자가 마취제를 들이마시게 하는 것도 있고, 정맥으로 투여하는 마취제 주사약도 있어요. 수술 시작 전에 마취제 주사약을 놓아 환자가 마취되면, 그다음부터는 호흡기를 통해 환자가 마취 약을 마시는 방법으로 마취가 유지되게 해요.

백신이 뭐예요?

우리 동네에는 의자나 책상을 잘 만드는 오목수 씨가 있어요. 오목수 씨는 어느 날 작업을 하다가 그만 튀어나온 녹슨 못에 찔리고 말았어요. 일단 피는 멎었지만 약국으로 뛰어와서 그동안 파상풍 백신을 꾸준히 맞았는데, 또 파상풍 백신을 맞아야 하느냐고 물었어요.

금속의 녹에는 파상풍균이 있어요. 녹슨 못 때문에 상처가 생기면 파상풍에 걸릴 수 있어요. 파상풍은 온몸의 근육이 마비되고 쑤시면서 심하면 목숨을 잃는 무서운 병이에요. 파상풍 백신은 보통 10년에 한 번은 맞아야 하는데, 오목수 씨는 맞은 지 8년이 됐다고 해요. 만약 10년이 넘었다면 얼른 병원에 가서 파상풍 백신을 맞아야 했답니다. 어른이 되어도 간염, 독감, 파상풍 등의 예방 접종은 계속 맞아야 해요.

항원과 항체

예방 접종의 주사약에는 백신(Vaccine)이라는 약이 들어 있어요. 백신은

몸 안에 항체를 만드는 역할을 해요. 그럼 항체는요? 항체에 대해 알려면 우리 몸의 면역계가 일하는 모습을 먼저 얘기해야 합니다.

우리 몸에 병균이나 이물질이 들어오면 면역계는 두 가지 방법으로 그것들을 물리쳐요. 하나는 백혈구가 몰려가서 그것들을 먹어 치우거나 독성 물질을 뿜어서 죽여요. 이때 독성 물질이 많이 나오면 도리어 몸이 아플 수도 있어요. 몸에 염증이 생기고 열이 나기도 하지요.

다른 방법은 항체(Antibody)를 만드는 것이에요. 우리 몸에 병균이나 기생충 또는 바이러스가 침입하면 면역계는 그 침입자를 기억합니다. 우리 몸에 이롭지 않은 '적'이라는 것을 알기 때문이죠. 그래서 다시 그 적이 침입할 것을 대비해서 '항체'라는 Y자 모양의 단백질을 만들어요. 이 항체를 만들게 하는 병균이나 바이러스를 항원(Antigen)이라고 해요. 그래서 다시 항원이 침입하면 미리 만들어져 있던 항체가 즉시 출동해서 항원과 결합해 버려요. 항체에 항원이 꼼짝없이 붙들리는 꼴이죠. 그런 다음 항원을 파괴해서 죽이거나 다른 백혈구를 불러들여서 항원을 삼키게 해요.

어릴 적에 전염병을 앓고 회복한 사람은 그 질병을 일으키는 병균이나 바이러스에 대해서 항체가 생기기 때문에 다시는 그 병에 안 걸리는 경우가 많아요. 하지만 병에 따라서는 사람이 죽을 수도 있고, 나을 때까지 고생하는 경우도 많으니 처음부터 질병에 걸리지 않는 것이 가장 좋아요.

그래서 질병에 걸리기 전, 항체를 미리 만들 방법을 찾다가 만들어 낸 것이 바로 백신이에요. 병균이나 바이러스에서 독을 만드는 부분을 없애고 껍질만 남겨서 백신으로 만들어요. 이렇게 만들어진 것을 몸 안에 주사하면 병을 일으키지 않으면서 항체가 만들어져요. 항체가 만들어지면 다음부터는 그 병에 걸리지 않는답니다.

Y자 모양 항체 출동

항체가 항원과 결합해서 파괴

달걀에서 나온 주사약

백신은 어떻게 만들어질까요? 조금 복잡한 것 같지만 찬찬히 들여다보면 어렵지 않아요. 한때 전 세계를 휩쓸었던 신종 인플루엔자의 백신을 만드는 과정을 예로 들어 볼게요.

라면에 넣어도 맛있고, 프라이를 해 먹어도 맛있는 달걀이 백신을 만드는 데 아주 유용하게 쓰인답니다.

1) 신종 인플루엔자에 감염된 환자의 침이나 가래에는 바이러스가 우글우글해요. 거기서 신종 인플루엔자의 바이러스를 얻지요.

2) 그다음, 채취한 바이러스를 키울 신선한 달걀을 준비해요.

3) 달걀에 바이러스를 주사해요. 그리고 따뜻한 환경을 만들어 주어요. 그러면 달걀의 풍부한 영양분을 먹고 바이러스가 아주 많이 만들어져요.

4) 달걀에서 증식된 바이러스를 꺼내요.

5) 꺼낸 바이러스를 화학 처리해요. 그러면 바이러스는 죽고 바이러스의 껍질만 남게 되지요.

6) 죽은 바이러스의 껍질을 소량으로 나누어 담아 주사약을 만들어요. 주사약 속에 들어 있는 바이러스 껍질이 몸속으로 들어가면 이것에 대항하기 위해 항체가 만들어져요.

백신을 만드는 과정은 다른 약품을 만드는 것보다 훨씬 더 복잡하고 시간이 많이 걸려요. 그래서 미리 백신을 생산할 수 있는 시스템을 만들어 두는

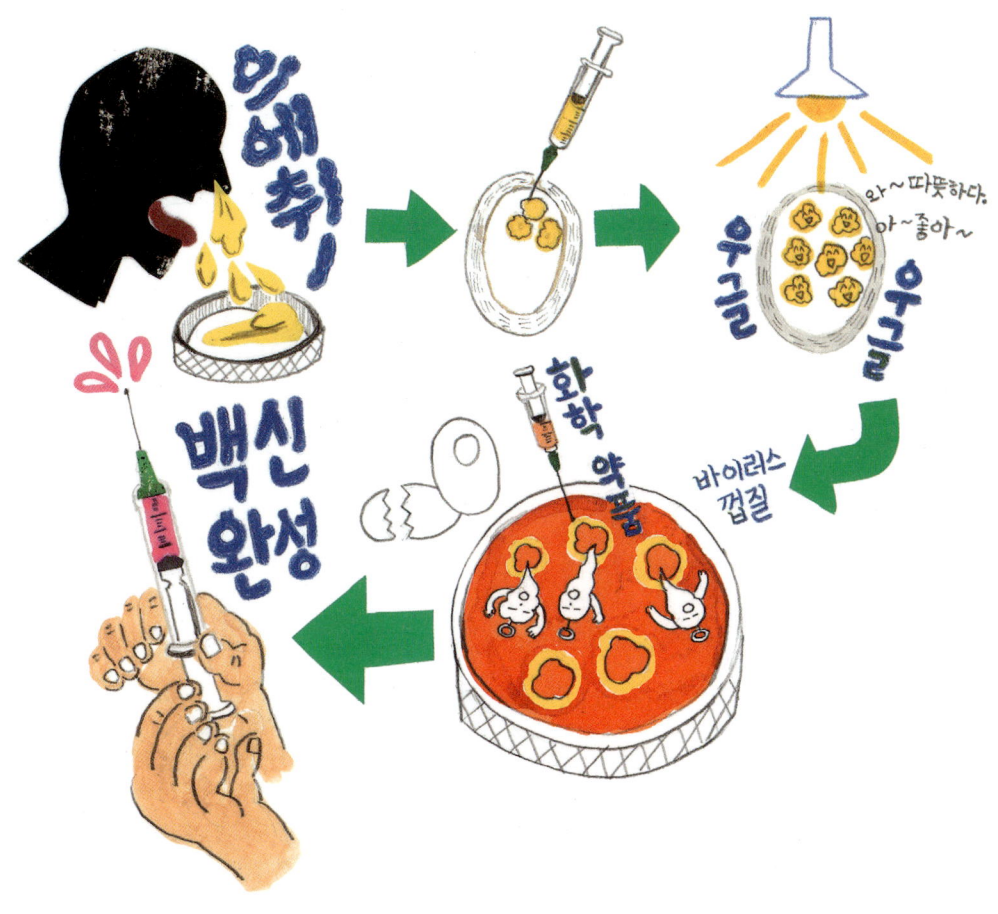

것이 중요하지요. 우리나라도 전라남도 화순에 나라에서 지은 백신 공장이 있어요. 신종 인플루엔자가 또다시 유행한다면 그곳에서 백신을 많이 만들 수 있지요.

   신종 인플루엔자의 유행으로 많은 사람들이 희생되어 슬프지만, 백신을 한꺼번에 많이 만들 수 있는 능력이 생겼다는 긍정적인 면도 있어요. 국가적 위기에 대처하는 능력을 높인 것이라고 볼 수 있지요.

백신을 처음 개발한 파스퇴르

프랑스의 미생물학자 루이 파스퇴르는 최초로 저온 살균법을 만들어 냈어요. 지금은 우유를 살균하는 방법으로 많이 쓰이지만, 저온 살균법은 원래 포도주를 살균하기 위해 발명되었죠. 저온 살균법은 물이 끓는 섭씨 100도까지 가열하지 않고, 섭씨 55도까지만 가열해 포도주를 상하게 하는 세균을 죽이는 방법이에요.

파스퇴르가 살던 프랑스는 세계 최대의 포도주 생산국이었어요. 하지만 세균 때문에 포도주가 너무 빨리 상해서 매년 많은 손해를 보았지요. 포도주를 고온으로 가열하면 세균은 죽일 수 있지만 포도주의 알코올이 모두 제거되어 품질이 손상되었지요. 하지만 저온 살균법을 쓰면 세균은 제거하면서도 포도주의 품질이 잘 유지될 수 있었어요. 포도 농장 사람들은 파스퇴르의 동상을 세워 고마움을 표현했지요.

파스퇴르는 수많은 업적을 남겼지만, 그중에서 가장 중요한 업적으로 손꼽히는 건 바로 백신 발명이에요. 소와 양을 떼죽음으로 몰아넣는 탄저균 백신을 만들고, 광견병과 콜레라 백신도 만드는 등 인류를 위한 공헌은 이루 다 말할 수가 없답니다.

파스퇴르를 기리기 위해서 프랑스 파리에 파스퇴르 연구소가 세워졌어요. 이곳에서 과학자들은 연구에 몰두해 에이즈(후천성 면역 결핍증) 바이러스를 최초로 분리해 내는 업적을 세워 파스퇴르의 명성을 이어 가고 있어요.

역사 속의 약

약의 변천

오후가 되면 약국 앞에 병아리 떼가 모여요. 웬 병아리냐고요? 약국 가까운 곳에 유치원이 있거든요. 유치원생들이 밖에 모여서 재잘거리는 모습을 볼 때마다 기운을 얻지요.

지난 핼러윈에는 한 어린이가 약국에 불쑥 들어왔어요. 머리끝부터 발끝까지 마녀 의상을 차려입고 마법의 지팡이까지 든 채로 말이죠. 이 꼬마 마녀는 들어오자마자 지팡이로 저를 가리키며 마법의 약을 내놓으라고 했어요. 곧 아이의 엄마가 황급히 들어와서 아이를 데려가려고 했는데도 버티며 끝까지 고집을 피웠지요.

저는 아이들이 좋아하는 비타민을 가지고 나왔어요. 그 비타민을 보자마자 꼬마 마녀는 간절한 눈빛이 되더군요. 마법의 약을 잘 먹으면 키도 크고 더 예뻐진다고 하니까 지팡이도 팽개치고 제 팔에 매달렸어요. 그때 생각만 하면 웃음이 절로 나와요.

마녀가 약을 만든다고?

약을 지금처럼 제약 회사에서 만들지 않았을 때, 옛날 사람들은 어떤 약을 어떻게 구할 수 있었을까요?

조선 시대에만 해도 의료 기술이 발달하지 못해 가벼운 치료조차 어려웠어요. 작은 병으로 사람들이 죽어 가는 것을 두고 볼 수밖에 없을 때가 많았어요.

세종 대왕의 아들 중 한 명은 밥을 먹다가 목에 생선 가시가 걸렸대요. 그런데 기름을 삼켜도, 밥을 한꺼번에 꿀꺽 삼켜도 가시가 내려가지 않았대요. 핀셋으로 뽑아내면 금방 괜찮아질 텐데 그때는 핀셋이 없어 한약만 먹었답니다. 결국 왕자는 식도에 염증이 생기면서 부어오르는 바람에 음식을 삼킬 수 없게 됐고, 끝내 목숨을 잃고 말았어요.

옛날에는 의사와 약사가 귀했어요. 그래서 약초를 잘 아는 사람들이 병을 고쳐 주는 일이 많았지요. 신에게 건강을 비는 기도와 주술, 약초 요법이 건강을 지키는 수단이었어요.

서양에서는 흥미롭게도 마녀들이 약을 만들었다는 얘기가 많아요. 당시 마녀로 여겨진 사람들은 온갖 재료를 섞어서 약을 만들었는데, 그 내용을 보면 정말 재미있는 것이 많아요. 마녀들은 짐승의 똥으로 약을 만들었고, 심지어는 사람 똥으로도 약을 만들었다고 해요.

이렇게 만들어진 약은 어떤 병을 치료하는 데 쓰였을까요? 머리카락이 빠진 사람에게는 쥐똥을 꿀에 섞어서 머리가 빠진 곳에 문지르도록 했고, 개똥은 심한 설사병에 썼대요. 사람 똥은 벌꿀과 섞어서 먹거나 발라 주면 편도선염처럼 목에 생긴 병을 치유할 수 있다고 믿었대요. 이때 똥은 젊고 건강한 사람에게 누룩을 빵과 함께 먹인 다음 나온 똥을 사용했어요. 또 사람의 오줌을 마시면 오래된 상처가 낫는 데 효과가 있다고 믿었지요. 마녀들이 만든 약이 오히려 사람들의 병을 더 악화시키지 않았다면 다행이에요.

옛날 중국에서는 병을 모두 한약으로 치료했어요. 여기에는 신농씨라는 전설 속 왕의 얘기와 관계가 있다고 해요. 신농씨는 한약을 약으로 처음 사용했던 인물이거든요.

신농씨는 한약이 어떻게 효과가 있는지 알았을까요? 전설에 따르면 신농씨는 약초라고 생각되는 풀들을 직접 맛보면서 그중에서 약으로 쓸만한 것들을 따로 모아서 썼다고 해요. 그러면서 효과가 있는 것들은 기록으로 남겼

대요. 독이 있는 독초를 맛보면 며칠 동안 정신을 못 차릴 때도 있었대요.

　신농씨는 약초를 효과가 있는 것과 독이 있는 것으로 정리했을 뿐만 아니라 백성들에게 농사도 가르쳤어요. 시장을 열어서 백성들끼리 물자를 교환하는 법도 가르쳤대요. 전설 속 왕이지만 신농씨는 백성을 몹시 아꼈던 왕인 것 같아요.

우리나라 최초의 약사와 약국은 1900년대에 등장했어요.

대한 제국 때, 사람의 병을 고치는 데 보다 정확한 방법이 필요하다고 생각했어요. 그래서 과학적인 약을 만들기 위해 '내부령 제27호'라는 법을 만들었어요. 지금의 약사법의 출발이라고 할 수 있지요. 이 법으로 국내에서도 약학 대학이 만들어지기 시작했어요.

1902년, 일본에서 도쿄약학교와 제국대학 의과 대학을 졸업한 유세환이라는 사람이 바로 우리나라 최초의 약사예요. 유세환은 귀국 뒤 대한 의원(지금의 서울대학교 병원)에서 교수로 일했고, 훗날 종로 3가에 우리나라 최초의 약국인 '인수당 약국'을 세웠지요.

인수당 약국은 우리나라 약국의 역사가 시작된 곳이에요. 인수당은 '처방 조제'라는 푯말을 내걸고 장사를 시작했어요. 처방 조제는 의사의 처방에 따라 조제한다는 뜻이에요. 정식으로 약학 교육을 받은 약사가 처방전대로 약을 지어 주는 정통 약국임을 보여 주려던 것이지요. 인수당이 세워지기 전만 해도, 우리나라에서는 허가만 받으면 구멍가게나 반찬 가게에서도 약을 팔 수가 있었어요. 허가를 받지 않고 몰래 약을 만들어 파는 곳도 있었지요. 하지만 인수당이 세워지고 나서는 문을 연 약국마다 '처방 조제'를 내걸게 되었답니다.

인수당에서는 지금도 소화제로 쓰이는 활명수, 마음을 가라앉혀 주고 정신을 차리는 데 도움을 주는 우황청심환 같은 것을 팔았어요. 인수당은 약사가 직접 운영하는 약국이라는 자부심이 있었던 것 같아요. 왜냐면 인수당의 약값이 비쌌거든요. 그 당시 우황청심환의 가격은 한 알에 3원이었어요. 그 때 쌀 한 가마니가 7원 50전이었다고 하니 정말 비싼 약이었죠?

곰팡이에서 약이 발견됐어요!

항생제는 몸의 염증을 가라앉히고 전염병을 일으키는 병균을 죽일 수 있는 아주 좋은 약이에요. 그렇지만 함부로 쓰면 큰 대가를 치러야 하는 위험한 약이기도 해요.

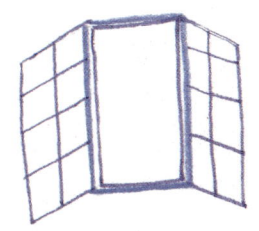

항생제가 발명된 계기는 세균 때문이었어요. 세균도 수명이 있어서 활발히 활동하다가 시간이 지나면 노화된답니다. 그러면 다른 세균으로부터 공격을 받기 쉬워지면서 위기감을 느끼게 돼요. 이때 다른 세균으로부터 자기를 지키기 위해서 만든 독성 물질이 바로 항생제예요. 과학자 알렉산더 플레밍이 우연히 푸른곰팡이를 관찰하다 이 사실을 알아냈고, 여기서 분리한 것이 인류 최초의 항생제인 '페니실린'이지요.

당시 플레밍은 종기를 만드는 균을 연구하고 있었어요. 이 균은 상처에 통증을 일으키고 붓게 하기 때문에 플레밍은 이 균을 죽일 방법을 고민했어요. 그러던 어느 날, 아래층 연구실에서 연구 중이던 푸른곰팡이가 바람에 날아와서 종기를 만드는 균이 자라던 그릇 안에 떨어졌어요. 플레밍은 시간이 지나서 균이 자라는 그릇에 푸른곰팡이가 핀 것을 발견했지요.

그런데 자세히 보니, 푸른곰팡이가 떨어진 곳만 종기균이 자라지 않았어요. 플레밍은 이 사건으로 푸른곰팡이가 종기균을 죽일 수 있다는 걸 알아냈지요. 푸른곰팡이에서 세균을 죽이는 성분을 분리해 낸 것이 바로 페니실린이랍니다.

페니실린은 그 후 100가지 이상의 병균에 효과가 있다는 것이 알려지면서 '마법의 탄환'이라는 별명까지 얻었어요. 곰팡이 핀 배양 그릇을 자세히 관찰한 한 과학자의 관찰이 인류에게 커다란 선물을 준 거예요.

페니실린은 발명 초기에 많은 사람의 목숨을 구했어요. 1942년, 미국 보스턴에서 대형 화재가 발생해 약 400명의 사람들이 화상을 입었어요. 24시간이 지나자 그중에서 절반 정도만 살아남았어요. 화상을 입으면 피부의 세균과 면역계가 함께 무너지면서 온갖 세균이 침투해서 목숨을 위협하거든요.

그때, 빗속을 뚫고 트럭이 도착했어요. 꼬박 일곱 시간을 달려온 트럭에는 페니실린이 가득 실려 있었어요. 아직 약의 모습도 채 갖추지 못했지만, 이 페니실린 덕분에 부상자들은 목숨을 구할 수 있었어요.

만약 이 약이 있었다면?

저는 어렸을 적부터 역사책을 참 좋아했어요. 지금도 약국이 한가한 시간에는 역사책을 종종 읽어요. 그러다가 문득 떠오른 생각이 있어요. 역사 속에 등장하는 인물 중 '항생제가 없어서 죽음을 맞이한 사람들은 누가 있을까?' 하고요.

지금은 항생제를 쉽게 구할 수 있고 함부로 먹어서 문제가 되지만, 예전에는 항생제가 없어서 가벼운 염증도 치료하지 못하고 상처가 덧나 죽은 사람들이 많았어요.

세종 대왕의 이야기

항생제가 없어서 안타깝게 죽음을 맞이한 대표적인 인물은 바로 세종 대왕이에요.

세종 대왕은 특히 고기를 즐겨 먹었대요. 하루 4번 식사를 했는데, 고기반찬이 나오지 않으면 수저도 들지 않았다고 해요. 세종 대왕의 아버지 태종이

'내가 죽어 상을 치르게 되더라도 세자에게는 고기를 들게 하라'고 유언했을 정도였어요.

세종 대왕은 당뇨병을 앓았어요. 기록을 보면 세종 대왕은 종기, 설사, 두통 등의 질병과 소갈(消渴)이라는 병을 달고 살았대요. 소갈이 바로 당뇨병이에요. 아마 매 끼니마다 기름진 음식을 많이 먹어서 그런 것 같아요. 당뇨병에

괴롭기 그지없구나.
몸에는 종기가 있어
낀 듯하고,
눈에는 모래가
책을 읽고 싶으나

걸리면 감염에 대한 저항력이 떨어지기 때문에 부스럼이나 습진, 종기 같은 것이 잘 생겨요. 또, 말년에는 시력을 상실했다는 기록도 전해지는데, 당뇨병의 합병증 중에서 대표적인 것이 바로 백내장이에요. 백내장에 걸리면 눈에 모래가 낀 것처럼 사물이 잘 안 보이고, 치료하지 않으면 시력을 잃을 수 있어요.

세종 대왕은 자주 행차도 다니며 운동하려 애썼지만 치료 시기를 놓쳤던 것 같아요. 결국 병으로 고생하다가 쉰네 살의 나이에 죽음을 맞이했어요. 지금 같으면 당뇨병 약도 먹고, 종기도 쉽게 치료했을 텐데 아쉬워요. 당시에는 약이 없었기 때문에 종기가 온몸으로 번지는 걸 막을 수 없었겠지요.

항생제가 있어서 세종 대왕이 더 오래 살았더라면 더 많은 훌륭한 업적을 남길 수 있지 않았을까요?

모차르트의 안타까운 죽음

환자가 뜸한 토요일 오후, 혹은 일요일에는 모차르트의 교향곡을 들으며 여유롭게 일해요. 모차르트는 천재 작곡가로 수많은 명곡을 탄생시켰어요. 하지만 서른여섯 살의 젊은 나이에 사망했지요. 천재 작곡가의 사망 원인이 무엇인지 알아보던 사람들은 모차르트가 어떤 병균에 감염되어 신장에 염증이 심해졌고, 패혈성 인두염이라는 병에 걸려서 사망했다는 결론을 내놓았어요.

패혈성 인두염은 병균이 혈관으로 침입해서 온몸을 돌아다니다가 인두에 염증을 일으키는 병이에요. 인두는 입안과 식도 사이에 있는 기관인데, 음식이 공기와 섞이지 않고 폐와 식도로 잘 넘어갈 수 있도록 분리해 주는 역할을 하지요. 모차르트가 인두염에 걸렸을 때 항생제가 없어 치료 시기를 놓쳤고, 합병증으로 신장에 염증이 생겼어요. 염증으로 몸 안에 있는 독성 물질을 걸러 주는 신장이 제 역할을 다하지 못하게 되었고, 결국 사망에 이른 것이지요.

당시의 기록을 보면 모차르트는 열이 많이 나고, 누워 있기 힘들 정도로 등이 아팠다고 해요. 신장에 염증이 생기면 등에 통증이 생기는데, 모차르트의 증상과 사람들이 추론한 병의 증상이 일치하지요.

페니실린 같은 기본적인 항생제만 있었어도 모차르트는 금방 회복할 수 있었을 것이고, 보석 같은 명곡들을 더 만들 수 있었을 거예요.

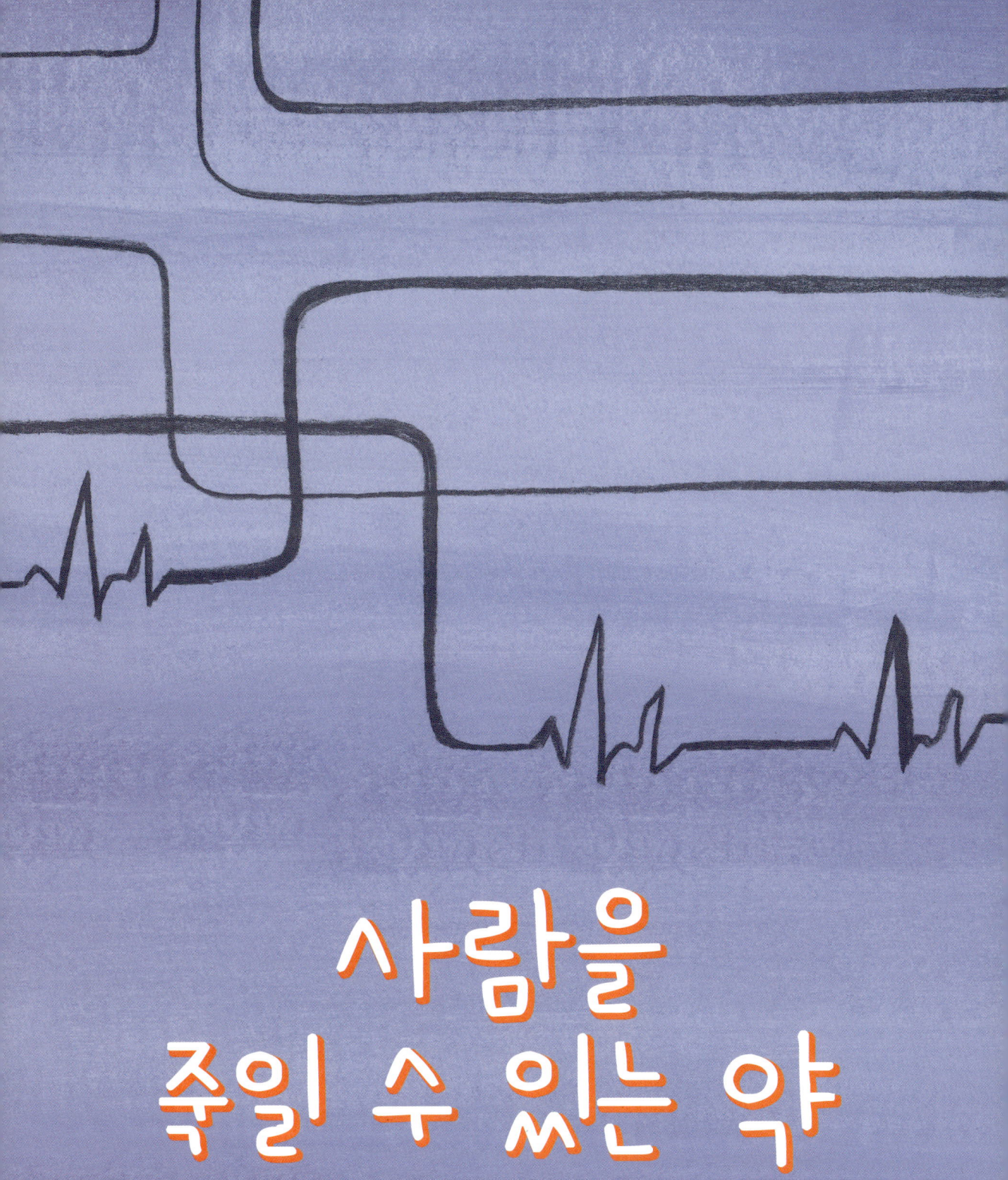

금지된 약, 마약

약사로 일하면서 가장 큰 보람을 느낄 때는 약물 오남용 예방 교육을 할 때예요. 학교에서 학생들을 상대로 약에 대해 올바른 정보를 전달하고 약을 안전하게 먹는 방법을 교육하지요. 오늘은 동네의 초등학교로 교육을 나가는 날이에요. 깨끗하게 빨아서 다려 놓은 약사 가운과 교육에 필요한 자료를 챙겨서 간답니다.

오늘의 교육 주제는 '마약 중독의 위험성'이에요. 마약이 뭔지, 얼마나 위험한지 아는 것이 중요하다고 생각해서 보건 선생님하고 같이 주제를 정했어요. 이미 저에게 몇 번의 수업을 들어서인지 교실에 들어서자 학생들이 손뼉을 치며 반갑게 맞아 줍니다.

정신과 몸이 망가져요

어릴 때 가진 습관이 평생을 가는 것처럼, 마약도 어려서부터 정확하게 알고 대응하는 게 중요해요. 나중에 어른이 된다고 해서 저절로 알게 되는 것은 아니거든요.

마약은 중독을 일으키고 우리 몸을 해치는 나쁜 약이기 때문에 법으로 금지되어 있다는 것은 많은 사람들이 알고 있어요. 하지만 어떤 약이 마약이고, 왜 나쁜지는 널리 알려져 있지 않아요. 또, 그렇게 나쁘다면서 왜 마약을 계속 만드는지도 모르고요.

대부분의 마약들은 식물로 만들어졌어요. 필요한 곳에 적은 양을 써서 여러 가지 의료적 효과를 보기도 해요. 하지만 마약은 중독 증상과 함께 심각한 부작용을 일으키기도 해요. 단 한 번의 사용으로도 사망에 이를 수 있을 만큼 해로울 뿐만 아니라 중독성과 의존성이 강해서 쉽게 끊을 수도 없지요. 그래서 각 나라마다 법으로 마약을 금지시켰어요.

그렇다면 마약이 얼마나 무서운 약인지 지금부터 함께 알아볼까요?

먼저 '마리화나'라고도 불리는 '대마초'에 대해서 알아보아요. 대마초는 '삼'이라고 불리는 뽕나무과의 일년생 식물의 잎과 꽃을 담배처럼 피우는 마약이에요. 약이라고는 약초밖에 쓸 것이 없었던 시절에 대마초는 통증과 경련을 멈추게 하는 약으로 오랫동안 쓰였지요.

아주 먼 옛날, 중국의 약재상들은 배가 아픈 사람들에게 대마초를 약으로 주었고, 열대 지방에서는 무서운 열병인 말라리아 환자에게 진통제 대신 대마초를 사용했어요.

중세 유럽에서도 대마초는 널리 사용됐어요. 영국에서는 왕족이나 귀족 여성들이 열이 나거나 배가 아플 때 대마초를 약으로 썼대요. 또 잠이 오지 않거나 기분이 별로 좋지 않을 때도 대마초를 사용했다고 해요. 심지어 빅토

리아 여왕까지도 생리통을 치료하기 위해서 대마초를 사용했다는 기록이 있답니다.

그런데 의학이 발달하면서 이 대마초가 위험하다는 사실이 밝혀지기 시작했어요. 대마초의 성분들이 담배보다 훨씬 위험할 뿐 아니라 두뇌를 구성하는 뇌세포를 빠르게 파괴시킨다는 거였죠.

대마초를 피우면 환각 작용이 나타나요. 환각이라는 현상은 실제로 존재하지 않는 것을 느끼는 것이에요. 즉, 실제로는 없는 것이 눈에 보인다든지, 존재하지 않는 소리를 듣거나 냄새를 느끼는 것이죠. 어떤 사람들은 계속해서 이 환각 작용을 경험하기 위해 대마초를 피워요.

대마초가 중독을 일으킨다는 사실이 알려지면서 지금은 많은 나라에서 법으로 대마초를 금지하고 있어요. 대마초의 위험은 여기서 끝이 아니에요. 대마초로 중독이라는 병에 걸린 사람들은 코카인이나 필로폰 같은 더 무서운 마약에 쉽게 중독되거든요.

코카인도 뒤늦게 마약으로 인식됐어요. 코카인은 남아메리카에서 잘 자라는 '코카'라는 식물의 잎에서 특정 성분만 뽑아 만든 것이에요. 페루, 콜롬비아, 볼리비아 등 남아메리카 국가들이 주로 코카인을 생산하는 것으로 알려져 있지요.

맨 처음, 코카인은 입맛을 떨어뜨려 체중을 줄이는 효과가 있다고 알려졌어요. 그래서 다이어트를 하려는 사람들이 코카인을 찾았지요. 또 코카인을 복용하면 오랫동안 공부하거나 일을 해도 끄떡없다고 알려지면서, 부두에서 일하는 노동자, 미국 메이저 리그의 야구 선수 등 너도나도 코카인을 찾았지요.

하지만 코카인이 몸에 해롭다는 사실이 곧 드러나기 시작했어요. 코카인을 자주 사용하다 보면 내성이 생겨서 효과가 점점 떨어져요. 그러면 복용하는 양이 점점 늘어나고, 더 자주 사용하게 되지요. 결국 큰 부작용이 생겨난답니다.

코카인을 복용했을 때 주로 나타나는 부작용으로는 특별한 이유 없이 기분이 안 좋아지는 우울증, 이유 없는 불안감, 잠을 자지 못하고 늘 피로한 증상, 현실과 꿈을 분간하지 못하는 증상들이 있어요. 더 큰 문제는 코카인을 계속 복용하던 사람들이 결국 숨을 쉴 수 없는 호흡 곤란으로 사망한다는 거예요. 부작용은 그뿐만이 아니에요.

코카인을 복용한 사람들은 벌레가 몸 위를 떼 지어서 기어 다니는 것 같은 환각을 느끼기도 해요. 이것을 코카인 버그(Cocaine bug)라고 해요. 그래서 온몸을 피가 나도록 긁는 것은 물론 몸을 쥐어뜯어 상처투성이가 되기도 한 답니다.

약에서 마약으로 인식된 약 중에는 '필로폰'도 있어요. 필로폰은 잠을 안 자도 버틸 수 있는 각성 효과가 코카인보다 훨씬 뛰어난 것으로 알려져 있어요.

필로폰은 그리스어 'Philoponos'에서 따온 말이에요. '일하는 것을 사랑한다'는 뜻이지요. 필로폰이 피로 회복에 뛰어난 효과가 있어서 지치지 않고 계속 일을 할 수 있게 해 주기 때문에 생긴 말인 것 같아요. 또한 코카인보다 식욕 억제 효과도 뛰어나서 많은 사람들이 살을 빼기 위해서 필로폰을 복용하기도 했어요.

필로폰의 부작용과 중독성은 앞서 나온 마약보다 훨씬 크답니다. 필로폰의 부작용으로 제일 심각한 충격을 받는 곳은 바로

두뇌예요. 필로폰을 복용하면 두뇌에서는 기분을 좋게 만드는 도파민이라는 호르몬이 폭포수처럼 흘러나와요. 말로 표현할 수 없을 만큼 즐거운 기분을 느끼게 해 주지요.

문제는 머릿속에서 도파민이 폭풍 같이 몰아치고 나면 뇌세포는 커다란 타격을 입게 된다는 것이에요. 마치 100볼트의 전압을 감당할 수 있는 전기선에 2,000볼트의 전기가 갑자기 흐른 것처럼 말이에요. 수많은 뇌세포가 그 충격으로 파괴되지요. 필로폰이 뇌세포를 파괴하면서 생기는 가장 흔한 증상은 '피해망상증'이에요. 주변의 가까운 사람들이 자기를 해칠지 모른다는 생각에 사로잡히기도 하고, 가족이 자신을 해치러 온 외계인이라고 생각하는 경우도 있어요. 그러다 결국 주변 사람들을 공격하기도 한답니다.

두뇌에서 중요한 역할을 하고 제일 크기가 큰 부분은 '전두엽'이에요. 전두엽은 기쁨과 슬픔, 분노와 즐거움 같은 감정을 느끼는 곳이에요. 또 양심껏 행동할 수 있게 판단하는 것도 전두엽이 하는 일이에요. 필로폰으로 뇌세포가 파괴되면 전두엽에 영향을 미친답니다. 그래서 필로폰 중독에 빠진 사람들은 판단력과 절제력을 잃고, 상대방의 고통에 무감각해지면서 공격적인 사람으로 돌변하기도 해요.

낫지 않는 병, 중독

두뇌에는 생각을 통제하고 마음을 다스리는 '보상계'가 세 군데 있어요. 세 군데나 있다는 건 보상계가 그만큼 중요한 역할을 한다는 것이지요. 보상계는 우리에게 '동기 부여'라는 것을 해 줘요. 공부를 열심히 해서 성적이 오르거나 착한 일을 해서 칭찬을 받으면 기분이 좋아지지요. 바로 보상계에서 기분이 좋아지는 도파민을 흘려보내기 때문이에요. 그래서 우리는 보상계를 자극해서 도파민이 많이 나오는 일에 관심이 많아지게 된답니다.

필로폰 같은 마약이나 게임, 술, 도박 같은 것들은 보상계를 많이 자극해서 도파민이 샘솟듯이 흘러나오게 해요. 이 쾌락에 중독되면 일상 속에서 느끼는 잔잔한 기쁨이 아닌 마약이 주는 즉각적이고 더 큰 자극만을 쫓게 되지요.

어느 날 '아, 이래서는 안 되겠구나' 싶어서 마약이나 술을 끊으려고 해도 두뇌의 보상계는 빨리빨리 도파민을 많이 나오게 해 달라고 뇌를 자극해요. 그래서 얼마 못 버티고 다시 마약에 손을 대게 돼요.

다시 말해서 중독은 한 번 빠지면 다시 헤어 나오지 못하는 '낫지 않는 병'이기 때문에 처음부터 마약을 시작하지 않는 것이 가장 중요해요.

마약의 나쁜 유혹

마약 중독은 일단 시작되면 두뇌의 보상계에 지워지지 않는 낙인이 찍혀요. 그래서 마약을 끊었어도 어느새 다시 유혹을 이기지 못하고 시작하는 경우가 아주 많아요.

요즘은 대마초, 코카인, 필로폰과 달리 처음부터 돈벌이의 목적으로 만들어진 합성 마약이 유행하고 있어요. 합성 마약은 기존의 마약보다 훨씬 자극이 강렬한 것이 많아요. 효과가 뛰어난 만큼 부작용도 아주 심각해요.

마약을 만들어서 사람들에게 몰래 파는 사람들이 갖는 이익도 커요. 일이 위험할수록 마약의 가격은 오르기 때문이죠. 남아메리카에서 마약의 원료가 되는 코카를 재배하는 농민들부터 다른 나라의 뒷골목에서 코카인을 파는 사람들까지 많은 사람들이 그 일에 목숨을 걸고 있어요.

아무리 법으로 금지하고, 마약법을 어긴 사람들을 감옥에 보내도 그 일을 하는 사람들은 줄지 않는다는 것은 큰 문제예요. 강력하게 단속을 해도 마약은 사람들 주위를 계속 맴돌고 있어요. 결국 법이 우리를 마약으로부터 지켜 주는 것은 한계가 있어요.

가장 좋은 방법은 마약의 위험성을 알고 절대 가까이하지 않는 것이지요.

잘 쓰면 좋은 약, 마약성 진통제

하지만 필요한 경우, 마약은 약으로도 쓰이기도 해요. 대표적인 것이 '마약성 진통제'예요.

병이 심각해지면 일반적인 진통제로 아픔이 가라앉지 않는 아주 심한 통증이 생깁니다. 대표적인 경우가 암 환자가 느끼는 통증이에요. 암 환자 몸속의 암 덩어리가 점점 커지다 보면 통증이 멈추지 않아 환자는 몹시 괴로워요. 이때는 아주 강력한 마약성 진통제만이 고통을 덜어 줄 수 있어요.

아픔을 느낄 때, 우리 몸에서는 자동으로 진통 물질이 만들어져 나와요. 마약성 진통제는 그 물질과 비슷하게 생겼는데 훨씬 더 강력하게 작용한답니다.

마약성 진통제는 심한 고통을 겪는 환자들을 위해서 꼭 필요한 경우에만 쓰고 있어요. 실제로 통증이 멈추지 않아 너무 괴로운 나머지 스스로 죽고 싶다고 생각하는 환자들도 많아요. 현대 의학에서는 환자를 성공적으로 잘 치료했다고 하기 위해서는 얼마만큼 통증을 잘 조절해 주었느냐도 중요하답니다.

마약성 진통제 중에서 대표적인 것이 바로 '모르핀'이에요. 양귀비라는 식물의 즙을 굳혀서 만든 것을 아편이라고 하는데, 거기에서 뽑아낸 성분이 모르핀이지요. 모르핀은 진통 작용이 아주 강력해서 전쟁터에서 사용되는 구급약으로도 쓰여요.

전쟁터에서 총알이나 포탄 파편에 부상을 당하면 아주 심한 상처를 입기 마련이에요. 당장 병원에 달려갈 수도 없고, 일반 진통제로는 고통을 멈출 수 없지요. 그래서 모르핀을 사용합니다. 군인들을 치료하는 의무병들은 전쟁 중에 '모르핀 키트'를 구급낭에 가지고 다녀요. 하지만 모르핀을 주로 다루는 곳이 병원과 군대이기 때문에, 중독 사고도 그곳에서 일어나는 경우가 많아요.

모르핀은 진통 작용이 아주 강한 만큼 금단 증상도 심해요. 금단 증상은 약을 갑자기 끊었을 때 손이 떨리거나 숨을 잘 못 쉬는 등의 증상이 나타나는 것을 말해요. 모르핀은 끊을 때도 단번에 끊지 못하기 때문에 조금씩 줄여 나가야 해요. 모르핀은 중독을 일으키는 마약이기 때문에 의학적으로 꼭 필요한 경우에만 사용해야 해요. 마약성 진통제는 꼭 의사나 약사가 알려 준 방법으로만 사용해야 해요. 환자가 자기 생각대로 마약성 진통제를 사용하면 절대 안 돼요!

항상 통증에 시달리는 환자의 진통제는 핏속에 머무르는 양이 일정해야 해요. 그래서 마약성 진통제는 삼켜서 먹으면 그 약이 몸 안에서 천천히 녹아 흘러나오면서 약의 양이 핏속에 일정하게 남아 있도록 만들어요. 그런데

이 약을 깨물어 먹으면 한꺼번에 하루치의 약이 모두 흘러나와요. 그러면 통증을 못 느끼게 하는 정도가 아니라 머리가 어질어질해지고, 환각을 겪는 일이 생길 수 있어요. 이런 점 때문에 일부 사람들이 마약 대신 사용하는 경우도 있답니다. 그래서 최근 마약성 진통제는 망치로 때려도 깨지지 않고, 삼켰을 때만 몸 안에서 녹을 수 있도록 만들어지기도 한답니다. 그만큼 중독이 무섭다는 거겠지요?

거절하는 힘이 중요해요

가장 중요한 것은 마약에 대해서 호기심을 갖지 않는 것이랍니다. 중독에 빠진 대부분의 사람들이 '마약을 먹으면 어떤 일이 벌어질까?', '한 번만 하는 것은 괜찮지 않을까?' 하고 시작했다가 다시 정상적인 삶으로 돌아오지 못하거든요. '어떨까?' 하는 작은 호기심에서 출발해서 자신도 모르는 사이 중독자가 되어 버린답니다.

여기서 흡입제 마약에 빠진 것을 후회하는 한 중학생의 얘기를 들어 볼까요? 유혹에 못 이겨 마약에 손을 댔다가 불행한 일을 겪은 얘기랍니다.

"안녕, 만나서 반가워. 네 얘기는 좀 들었어. 흡입제 마약에 손을 댔다가 경찰서 가서 반성문도 쓰고 1년 동안 교육도 받고 상담도 했다는데, 왜 다시 흡입제 마약을 하게 되었니?"

"처음 경찰서에 다녀온 이후 앞으로 마약을 절대 안 하겠다고 다짐했어요. 그런데 처음 저한테 흡입제를 해 보라고 건네줬던 친구들을 다시 만났던 것이 문제였어요. 저는 지금 소년원에 있지만 그 친구는 뇌에 문제가 생겨서 정신 병원에 있어요."

"그렇게 흡입제 마약을 끊기가 어려웠니?"

"언제든지 마음만 먹으면 끊을 수 있다고 믿었던 것이 잘못이었어요. 아예 쳐다보지도 말았어야 했는데……."

마약을 피하는 가장 최선의 방법은 마약의 유혹을 받을 만한 곳에 가지 않거나, 권유할 만한 사람들을 만나지 않는 것이에요. 그리고 단호히 거절하는 힘이 필요합니다.

 마약은 '마약'이라는 이름으로 다가오지 않아요. 살 빼는 약, 피로 회복제, 공부 잘하는 약, 비타민 주사, 영양제 등의 이름으로 가면을 쓰고 있어요. '앗, 이게 마약이었구나' 하고 알아챘을 때는 이미 늦었을 때가 많아요.
 의사의 처방과 약사와의 상담을 통한 의약품 구입만이 올바른 방법이라는 것을 기억하도록 해요. 정체불명의 약에 대해서 단호하게 거절하는 습관이 우리의 행복한 미래를 지켜 줄 수 있어요.

독약도 쓸 데가 있다고요?

약은 질병을 치료하고 예방하는 데 쓰이지만 우리 몸을 해치는 약도 있어요. 바로 '독약'이에요. 꼭 죽음에 이르게 하지 않아도 건강에 피해를 줄 수 있으면 독약이라고 해요.

중요한 것은 독약의 '양'이에요. 아주 조금만 먹어도 죽는다면 독성이 강한 독약인 것이고, 조금 먹었을 때는 별로 독성이 없고 굉장히 많은 양을 계속 먹어야 위험해진다면 독약이라고 볼 수 없어요. 그래서 독약은 보통 매우 적은 양을 먹었을 때 생명이 위험해지는 약을 말해요.

독약은 인간에게 해롭다고 생각하기 쉽지만, 요즘은 다른 목적으로도 많이 사용한답니다. 우리에게 유용하게 쓰이는 독약에 대해 알아볼까요?

예뻐지고 싶을 때 독약을 찾아요

흔히 '보톡스'라고 부르는 것은 산소가 없는 곳에서 자라는 세균이 만든 독을 부르는 말이에요. 요즘은 주사약으로 더 알려져 있어요. 이 세균이 만든 독은 보통 흙 속에 있어요. 상처가 난 부분이 흙에 닿아서 이 세균에 감염되는 경우도 있지만, 보통은 상한 음식을 먹고 나서 이 독에 중독되는 경우가 많지요.

그래서 통조림을 구입할 때 용기가 찌그러진 것은 가급적 사지 말라고 해요. 통조림이 공장에서 생산돼 소비자의 손으로 들어오는 과정에서 용기가 파손되면 이 독소가 침투할 가능성이 있거든요.

이 독소는 근육이 수축을 못하게 만들어요. 근육이 늘어난 채로 멈추게 되면서 몸은 마비가 돼요. 호흡기에서 사용하는 근육들은 계속 수축과 이완을 반복하면서 숨을 쉬게 되는데, 보톡스가 몸 안으로 들어오게 되면 이 근육들이 마비되면서 호흡 곤란으로 사망하게 돼요. 독약은 양이 중요하다고 했지요? 보톡스는 약 130g의 양으로 전 세계 인구 70억 명을 한 번에 모두 죽일 수 있을 정도로 독성이 무시무시하답니다.

그런데 미국에서는 1989년부터 이 독소를 아주 적은 양만 사용해서 병을 치료하는 데 쓸 수 있도록 허가해 주었어요. 가령, 파킨슨병은 지나치게 근육이 수축되면서 손발이 떨리고 몸이 뻣뻣해지는 병이에요. 이때 보톡스를 사용하면 근육이 수축되는 것을 방지하면서 증상이 나아지지요.

캐나다의 어느 의사는 치료 목적으로 보톡스를 사용해 보았어요. 눈꺼풀이 심하게 떨리는 증상을 호소하던 환자를 치료하기 위해서였죠. 의사는 보톡스를 주사한 환자의 눈꺼풀에서 주름살이 없어지는 것을 발견했어요. 한쪽의 근육이 마비되면서 주름졌던 근육이 당겨진 것이었답니다. 그 후로 많은 사람들이 주름살을 펴기 위해 미용을 목적으로 보톡스를 사용하고 있어요.

요즘은 치료 목적보다 미용의 목적으로 훨씬 더 많이 보톡스를 사용하고 있어요. 얼굴뿐 아니라 종아리를 날씬하게 만들기 위해서 종아리 근육에 보톡스를 주사하기도 해요. 하지만 의사들은 지나치게 많은 양을 사용하면 나중에 혈액 순환에 문제가 생길 수도 있다고 경고하고 있어요.

사냥을 갈 때는 독약 바른 화살을 챙겨요

"슈욱!"

바람을 가르는 소리가 들리자마자 '퍽' 하는 소리가 났어요. 화살에 맞은 커다란 멧돼지가 몇 걸음 걷지 못하고 쓰러졌어요. 월터 경은 그 모습이 그저 놀라울 뿐이었어요.

"어떻게 화살 한 대로 큰 멧돼지를?"

탐험가 월터 경의 궁금증은 곧 풀렸어요. 인디언들은 좁은 길로 멧돼지를 몰아간 뒤 화살촉에다 뭔가를 발랐어요. 그런 다음, 화살을 쏴서 멧돼지를 쓰러뜨렸지요.

쓰러진 멧돼지는 눈을 껌뻑이면서도 일어서지는 못했어요. 사람들이 끌고 가는 도중에도 전혀 움직일 수 없었지요. 월터 경은 인디언들이 화살촉에 바른 게 독의 일종이라는 것을 알았어요.

그 독은 어느 덩굴 식물에서 얻은 것이었어요. 남아메리카의 인디언들은 그 독을 이용해서 동물에 큰 상처를 내지 않고도 사냥을 한 거였지요. 이 독을 '큐라레'라고 불러요.

이전부터 남아메리카의 오지를 탐험하던 탐험가들은 종종 인디언들이 보관하던 큐라레를 우연히 만졌다가 상처를 통해 큐라레가 스며들어 기절했던 적이 있었어요. 큐라레는 근육이 수축하지 못하고 이완되게 하기 때문이에요.

큐라레의 또 다른 특징은 통증이 없다는 거예요. 독소가 사람의 몸 안으로 들어가면 아주 심한 고통을 주기 마련인데, 큐라레는 운동 신경만 마비시키기 때문에 아픔을 느끼지 못해요. 그래서 큐라레가 묻은 화살에 맞은 동물은 다른 고통 없이 호흡 곤란만 일으키면서 죽어요.

그럼 큐라레를 맞고 죽은 동물의 고기를 먹으면 사람도 호흡 곤란으로 목숨을 잃지 않을까요? 다행히 큐라레는 위 안에서 위산에 의해 분해되기 때문에 큐라레에 죽은 동물을 먹어도 위험하지 않아요.

병원에서도 큐라레를 이용하고 있어요. 외과 수술을 할 때 환자를 마취시켜서 근육이 딱딱하게 굳어 있으면 수술하기가 어려워요. 이때 큐라레를 골격근을 이완시키는 용도로 사용하지요. 아니면 파상풍에 걸린 환자들이 심하게 경련을 할 때 경련을 멈추게 하기 위해서 큐라레 주사약을 사용한답니다.

이처럼 독약은 사람에게 해가 될 때도 있지만 꼭 필요할 때도 있어요. 그래서 법과 윤리적 원칙 안에서 독을 이용해서 병을 치료할 수 있는 방법에 대해서도 많은 연구가 이뤄지고 있어요.

마음이 아파요, 동물의 안락사

주인을 잃고 떠도는 고양이와 개들이 결국 주인을 만나지 못하면, 부득이하게 안락사를 시키는 경우가 있어요.

또 동물 병원에서 낫기 힘든 병에 걸린 동물들을 안락사 시킬 것을 권유하기도 해요. 낫지 못할 병으로 오랜 시간 고통받는 것보다 고통이 적은 방법으로 생명을 단축시켜 고통을 덜어 주는 것이 더 동물을 위하는 방법이라고 생각하는 것이지요. 하지만 무엇이 진정 동물을 위하는 것인지 판단하는 것은 쉽지 않아요.

안락사는 동물 병원에서만 시행하고 있어요. 이때에도 약물을 사용해서 안락사를 시키지요. 마취제를 먼저 투여해서 마취가 되면 고통을 못 느끼는 상태가 돼요. 그다음에 근육 이완제라는 약물을 투여해서 호흡기 근육을 마비시켜 심장을 멎게 하는 방법을 사용해요. 또는 마취 상태에서 심장을 바로 정지시킬 수 있는 약물을 투여하기도 하지요.

어떤 방법으로든 동물을 사랑하는 사람들은 동물의 안락사를 반대하고 있어요. 아무리 동물이라고 해도 그 생명을 끊을 권리가 사람에게 있는 것은 아니라는 것이지요.

금지된 약물로는 훌륭한 선수가 될 수 없어요

스테로이드 호르몬은 남자들에게서 많이 만들어지는 남성 호르몬을 치료용으로 똑같이 만든 것이랍니다. 남성 호르몬은 주로 수염이 나게 하고 근육도 생기게 하며 힘도 더 세게 하는 역할을 해요.

노년기가 되어 힘이 많이 떨어지거나, 성장기의 청소년들이 성장 호르몬이 부족해 발육이 잘 안 이뤄진다고 진단을 받으면 스테로이드 호르몬을 사용할 수 있어요.

스테로이드 호르몬을 복용하면 빠른 시일 내에 근육이 우람하게 만들어져요. 그래서 근육을 크게 키우고 싶은 사람들이 복용하기도 해요. 이 호르몬제를 복용하고 운동을 하면 훨씬 더 근육이 잘 만들어지는 것은 맞아요.

근육은 근섬유라는 가느다란 섬유 다발 뭉치로 이뤄져 있어요. 운동을 열심히 하면 근섬유가 늘어나면서 근육이 상하게 되지요. 그런데 스테로이드 호르몬을 복용하면, 근육 손상이 빠른 시간 내에 아물면서 근육이 발달하는 속도가 빨라져요. 그런데 자꾸 스테로이드 호르몬을 복용하면 몸 안의 모든 에너지와 영양분이 근육을 만드는 데만 쓰이기 때문에 몸의 나머지 부분들은 점점 부실해진답니다.

이 증상이 오래되면 뼈에 구멍이 생기는 골다공증이나 탈모 증상이 생길 수도 있어요. 또 면역력이 떨어지면서 병에 잘 걸릴 뿐만 아니라 고환 위축, 월경 불순 등 많은 문제가 발생한답니다.

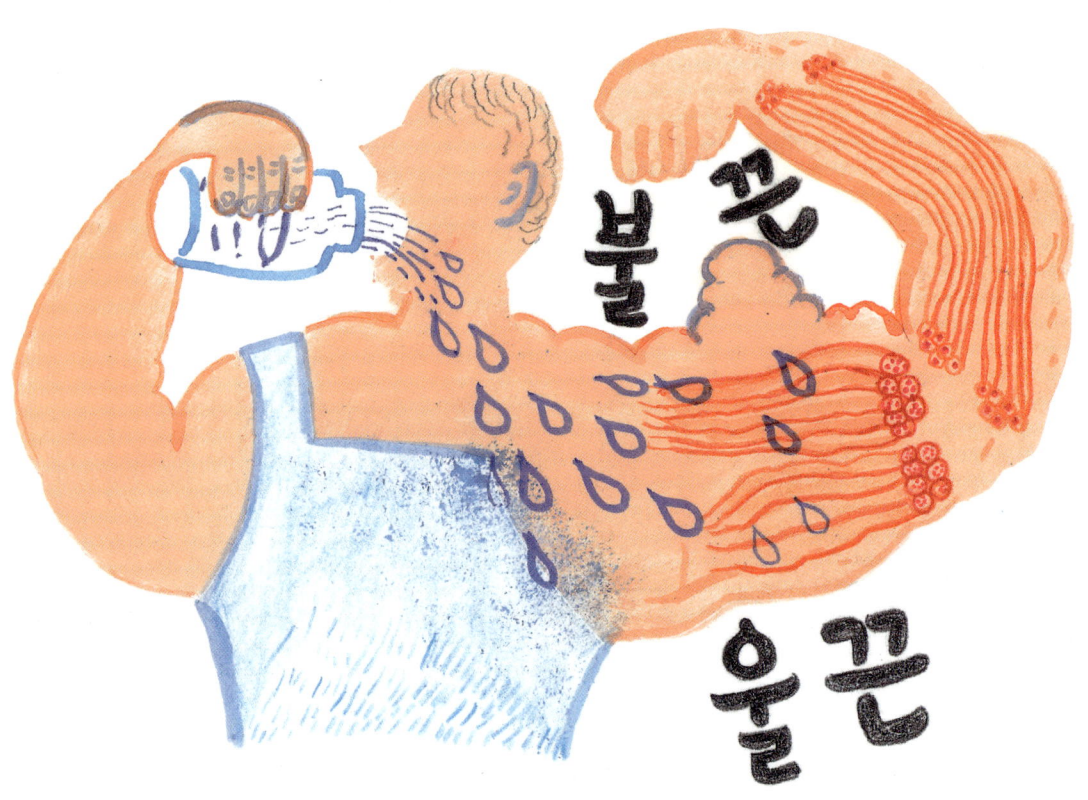

그럼에도 근육을 키우고 싶은 사람들이나 단기간에 좋은 기록을 내고 싶은 운동선수들이 이 호르몬제를 복용해서 문제가 돼요.

올림픽과 같은 큰 경기에서는 선수 보호와 공정한 경기를 위해서 이런 약물을 엄격히 금지하고 있어요. 약을 복용한 선수들이 메달을 땄을 때는 메달을 박탈해요. 또 선수 자격을 정지하거나 박탈하기도 하지요.

그렇다면 선수가 어떻게 약물을 복용했는지 알아낼까요? 불법적인 약물의 복용 여부를 알아내는 방법을 '도핑 테스트'라고 해요. 선수의 소변에서 금지된 약물 성분이 들어 있는지를 찾아내는 거지요. 피를 뽑아서 검사를 할 수도 있지만 소변은 용기만 있으면 샘플을 얻기 쉽기 때문에 소변으로 하는 방법을 선호해요. 도핑 테스트에 사용되는 고성능 기계는 여러 가지 성분이 섞인 혼합물에서 특정 성분이 얼마나 있는지를 검사할 수 있어요. 그 기계를 사용하면 소변 속에 금지된 약물이 있는지 없는지를 바로 알 수 있어요.

모두를 위한 약을 위하여, 신약 개발

새로운 약은
어떻게 만들어져요?

저녁을 먹은 후 TV를 볼 여유가 있었어요. TV에서 정부에서 신약 개발을 장려해 제약 산업을 활성화시키겠다는 뉴스가 흘러나왔어요.

신약 개발이라는 것은 석유를 캐는 것보다 성공 확률이 더 적은 산업이에요. 석유를 캘 때는 여러 가지를 미리 조사해 성공 확률이 높은 곳의 땅을 파 내며 시작하지만, 신약을 만드는 것은 시작을 하더라도 성공 확률이 아주 낮지요.

하지만 신약 만드는 걸 포기할 수는 없어요. 아무리 어려워도 신약 개발을 그만둘 수 없는 이유를 함께 알아볼까요?

황금 알을 낳는 거위, 신약 개발 사업

컴퓨터나 자동차는 새로운 제품이 나올 때마다 기존 제품보다 훨씬 더 성능이 좋아져요. 약도 마찬가지예요. 부작용이 적고 효과가 더 좋은 약이 개발되면 환자의 고통을 줄여 줄 수 있고, 치료 기간이 줄어들면 환자나 국가가 부담해야 하는 의료비도 아낄 수 있어요. 무엇보다도 신약 개발은 소중한 생명을 살리는 데 꼭 필요해요. 그래서 약사부터 생명 과학을 연구하는 많은 학자가 새로운 약을 만드는 일에 몰두하고 있어요.

신약을 만드는 일은 식물이나 동물, 광물에서 약효를 가진 성분을 찾는 연구도 있고, 효과가 있을 것 같은 성분을 실험실에서 합성하는 연구도 있어요. 이미 쓰고 있는 약이 혹시 다른 질병에도 효과가 있는지를 확인하는 연구도 있답니다. 그래서 신약 개발 연구는 여러 분야에 걸쳐 이뤄져요.

신약을 개발하는 데 성공하면 어마어마한 이익을 낼 수 있기 때문에, 신약 개발 사업은 '황금 알을 낳는 거위'라고도 불려요. 하지만 신약 개발을 위해 노력해야 하는 더 중요한 이유가 있답니다. 사람들의 '건강 지도'가 바뀌고

약으로 쓸 만한 게 있나?

있기 때문이죠. 건강 지도란 특정 시기에 당시 사람들의 건강 상태가 어떠했는지를 보여 주는 것이에요. 예전에는 먹지 못하고 위생 상태가 좋지 못해서 세균 감염으로 많은 사람들이 질병에 걸렸다면, 요즘은 너무 많은 영양분을 섭취해서 비만이 문제가 되지요. 이처럼 건강 지도는 시대에 따라 달라져요. 그래서 시대마다 많이 찾는 약도 달라진답니다.

제약 회사들은 너도나도 신약 개발에 관심을 두지만, 모든 제약 회사가 신약 개발을 할 수 있는 것은 아니에요. 신약 개발에는 엄청난 비용과 아주 오랜 시간이 필요하기 때문이에요. 게다가 성공 확률도 너무 낮지요. 신약의 후보 물질이 성공적으로 신약으로 만들어질 확률은 1만 분의 1이 안 될 정도예요. 그래서 신약 개발을 주로 하는 나라들은 미국, 영국, 스위스, 일본, 독일 등 모두 선진국이고, 그마저도 10개 국가를 넘지 않아요. 우리나라도 신약 개발에 힘을 내고 있지만, 아직 갈 길이 멀답니다. 선진국의 제약 회사들이 약을 팔아서 번 돈을 많게는 30%까지 신약 개발에 투자하는데, 우리나라는 평균 5% 정도 밖에 되지 않지요.

신약 개발 과정을 따라서

신약 개발에 들어가는 시간은 평균 17년 정도라고 해요. 약이 한번 시장에 나오면 수많은 사람들이 안심하고 먹어야 하기 때문에, 오랜 기간 확인이 필요하기 때문이에요. 신약 개발의 단계는 보통 다음과 같이 크게 세 가지로 나뉘어져요.

1단계 – 후보 물질 탐색 과정

신약 개발의 첫 번째 단계는 후보 물질을 예상하는 것이에요. 이미 나와 있는 약보다 더 효과가 좋을 것이라고 추측되는 물질을 미리 만들거나 아니면 기존의 약을 살짝 변형시켜 보기도 해요. 이 과정만 잘해도 성공 확률이 높아져요.

그다음에는 후보 물질이 기존의 약보다 효과가 더 좋은지 확인하는 실험을 해요. 이 실험은 사람의 세포와 실험 동물을 대상으로 효과를 확인하는 것이에요. 예를 들어 암을 치료하는 항암제를 개발한다면 사람의 암세포를 잘 죽일 수 있는지, 또 암에 걸린 동물에게 후보 물질을 사용했을 때 암이 억제되었는지 아닌지를 관찰하지요. 1단계 과정을 거치면 후보가 많이 줄어들겠죠?

제약 회사에서 신약 개발을 책임지는 파요 박사의 일을 들여다볼까요? 파요 박사는 연구팀장 파무 박사와 함께 중요한 회의를 하고 있어요.

"자, 예정대로 오늘 최종 후보 물질을 정하겠어요. 어떻게 정리됐나요? 파무 박사님."

"네, 후보 A는 기존 항암제와 효과가 거의 같습니다. 그리고 약값도 싸게 만들 수 있을 것 같아요. 하지만 한 가지 걸리는 점은 동물 실험을 해 보았을 때 암세포는 많이 죽었는데, 체중이 많이 줄고 설사를 많이 하는 것을 봐서 부작용이 클 것 같습니다. 그리고 B는 효과가 기존 항암제보다 약합니다. 약값은 비슷하고, 부작용은 기존 항암제보다 적다고 봅니다. 마지막으로 C는 효과가 제일 좋습니다. 그리고 약값은 기존 항암제와 거의 비슷할 것 같고, 부작용도 비슷합니다."

"종합해 보면 A는 부작용이 문제가 되고, B는 효과가 약하고, C는 기존 항암제보다 효과가 더 좋다는 얘기군요."

"맞습니다. C가 제일 가능성이 높습니다."

"좋아요. C로 결정합시다."

"알겠습니다. 그러면 전임상 시험 준비를 하겠습니다."

2단계 – 전임상 시험

후보 물질이 결정되면 전임상 시험이 시작돼요. 약을 사람에게 사용하기 전에 최종 확인하는 단계인데요, 여러 가지를 시험한답니다.

먼저 실험 동물을 대상으로 약을 사용했을 때, 약이 몸 안에서 어떻게 흡수되고 얼마나 몸 안에 머물러 있는지, 배설은 어떻게 되는지 실험해요. 그리고 얼만큼 약을 써야 효과가 있는지도 확인해요.

또 중요한 시험이 있어요. 만약에 이 약이 위장약이라 하더라도 몸 안으로 들어가면 폐나 신장, 두뇌 등 전혀 다른 곳에도 영향을 줄 수가 있어요. 그래서 실험 동물에게 약을 먹인 다음에 체온이나 호흡, 혈압, 소화 작용에 미치는 영향은 없는지, 약을 먹고 이상 증세를 보이지 않는지 등등 많은 시험을 해 본답니다.

마지막으로 효과는 좋은데, 독성이 강해서 결국 약으로 쓸 수 없게 되는 일이 없도록 실험을 해 본답니다. 독성은 바로 나타날 수도 있지만, 오랫동안 약을 사용한 다음에 나타나는 경우도 있기 때문에 6개월 이상 실험 동물에게 약을 사용해요. 혹시 돌연변이가 생기지 않을까 하고 실시하는 유전자 독성 실험은 무려 3년이 걸린답니다. 정말 오래 걸리고 지루하지만 많은 사람들이 안심하고 사용하기 위해서는 꼭 필요한 과정이에요.

자, 오랜 실험이 끝나고 파요 박사와 파무 박사는 다시 회의를 합니다.

"오랫동안 수고 많았어요. 좋은 결과가 나와서 다행이에요, 파무 박사님."

"네, 신약 후보 C는 하루 500mg 먹으면 하루 만에 신장을 통해 소변으로 배출되는 것이 확인되었습니다. 다행히 체온, 호흡, 혈압에 미치는 영향은 없었고, 두뇌에 주는 영향도 없는 것으로 나타났습니다. 간세포에 미치는 독성인 간독성이 나타났지만, 기존 항암제들과 비교하면 문제가 될 정도는 아닙니다. 유전자에 미치는 독성도 없는 것으로 나타났습니다."

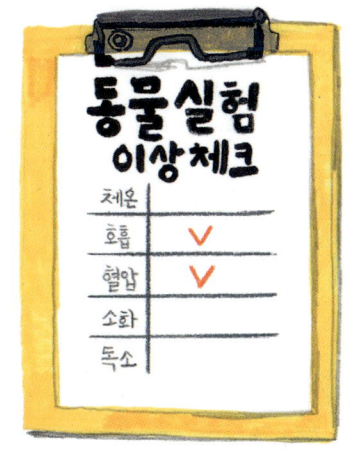

"그럼, 식품 의약품 안전처에 임상 시험을

신청하고 시작해 볼까요?"

"네, 바로 시작해도 될 것 같습니다. 준비하겠습니다."

3단계 – 임상 시험

임상 시험은 사람을 대상으로 직접 효과와 부작용을 알아보는 단계로, 가장 중요해요. 동물을 대상으로 실험해 보았을 때는 효과도 좋고 독성도 없었지만 정작 약이 사람의 몸속에서는 전혀 다른 반응을 나타낼 때가 많거든요. 또, 직접 사람을 대상으로 하기 때문에 무엇보다 안전이 중요하답니다. 그래서 임상 시험은 여러 단계로 되어 있고, 반드시 순서를 지켜야 해요.

첫 번째 단계에서는 건강하고 젊은 사람들에게 약을 먹였을 때, 약이 얼마나 몸속에 오래 머무르는지, 갑자기 부작용이 나타나지 않는지를 보아요. 그리고 효과는 크면서 부작용이 크게 나타나지 않는 약의 최고 용량이 얼마인지도 확인해요.

이 단계에서 합격하면 두 번째부터 그 약으로 치료하려는 환자를 대상으로 진행해요. 정말 효과가 좋은지, 부작용은 크게 나타나지 않는지를 보는 거예요. 또 약을 얼마나 먹어야 효과가 나타나는지도 보아요. 환자를 모으기 위해서 신문이나 병원에 환자 모집 공고를 보내고, 가능하면 다른 약을 먹지 않는 환자를 선발해요.

임상 시험은 주로 대형 병원에서 환자를 모집하여 실시하는데 질병에 대한 연구도 무료로 할 수 있고, 의사가 직접 약의 효과를 관찰할 수 있기 때문에 병원에서는 임상 시험을 앞다퉈 하려고 해요.

임상 시험 환자 모집이 어떻게 이뤄지는지 한번 볼까요?

임상 시험 참가자 모집 공고

중증의 여드름 치료제 효과와 안전성 연구

A병원 피부과에서 위 연구에 참여할 지원자를 아래와 같이 모집합니다.

임상 연구 목적
중증 여드름 환자에게 개발 중인 여드름 치료제의 치료 효과와
안전성을 관찰하기 위한 임상 연구입니다.

임상 연구 대상자
20세에서 45세 사이의 남성 또는 여성
심상성 여드름으로 임상적 진단을 받은 자
여드름 중증도에 대한 연구자의 전반적인 평가에서 3~4점을 만족하는 자

임상 연구 예상 시험 기간
연구 시작 후 1년, 본 임상 시험에 참여하는 시험 대상자는
시험 기간 동안 6회 병원을 방문하고, 매번 신약을 투여받습니다.

참여 시 제공되는 사항
본 임상 시험의 참여로 인하여 발생하는 모든 검사 및 시험 약이 제공되며
소정의 교통비가 제공됩니다.

문의 및 접수
연구 책임자 | A병원 피부과 신선해 교수
담당자 | 전공의 왕피부 (전화 : XXX - XXXX)

여드름이 많아서 고생하는 나아파 씨는 어느 날 지하철에 붙은 광고를 보았어요. 여드름 치료제 신약 개발을 위한 임상 시험 참가자 모집 공고였어요.

나아파 씨는 그동안 여러 가지 여드름 치료제를 발라 봤지만 효과가 없었어요. 그래서 이 광고를 보고 눈이 번쩍 뜨였답니다. 검사도 해 주고 교통비

까지 준다니 이런 기회가 다시 없을 것 같아 바로 지원했답니다.

임상 시험의 세 번째 단계는 되도록 많은 환자들을 대상으로 여러 나라에서 약을 시험해요. 이 단계의 가장 큰 특징이라면 가짜 약이 등장한다는 거예요.

약을 주는 의사나 환자 모두 약이 진짜인지, 가짜인지를 알 수 없어요. 여기서는 약을 썼다는 느낌과 기분만으로도 증상이 좋아지는 것인지, 아니면 진짜 효과가 있는 것인지를 비교하지요. 가짜 약을 썼는데도 환자가 진짜 약으로 믿어서 병이 호전되는 경우도 있기 때문이에요. 그것을 '위약 효과' 또는 '플라세보 효과'라고 부른답니다.

4단계 - 시판 후 조사

마지막 단계에서는 약이 환자들에게 팔린 이후에 시작해요. 임상 시험에서는 참가하는 사람의 수에 한계가 있고 기간이 비교적 짧기 때문에 약을 사용했을 때 나타나는 부작용을 모두 알 수 없어요. 그래서 오랫동안 약을 사용한 후에 나타나는 부작용이나 매우 드물게 나타나는 부작용은 아주 많은 사람들이 약을 사용한 뒤에야 알 수 있어요. 물론 이 단계에서 부작용이 정말 심하게 나타난다면 이미 약이 판매된 후라도 허가가 취소된답니다.

길고 복잡한 과정을 거쳐서 만들어지는 신약은 환자들에게 어두운 곳을 비추는 빛과 같은 역할을 해요. 신약 개발에 있어 중요한 것은 연구자들과 신약 개발 관련자들이 어떤 상황에서도 용기를 잃지 말고 신약 개발을 통한 인류의 건강 증진이라는 목표를 염두에 두는 것이에요.

가짜 약을 먹고도 낫는다고요?

'플라세보(Placebo)'란 말의 뜻은 라틴어에서 왔어요. '내가 만족시켜 주겠다'라는 뜻이에요. 플라세보 효과는 실제로 존재하지 않는 것을 있다고 믿으면서 내 몸과 마음도 그것이 있는 것처럼 움직여지는 현상을 말해요.

미국의 라이트 씨는 암 환자였어요. 어느 날 TV에서 암을 치료할 수 있는 경이로운 치료 약이 개발되었다는 소식을 듣고 바로 약을 투여받기 시작했어요. 곧, 의사도 놀랄 정도로 증세가 좋아졌어요. 그런데 얼마 지나지 않아 그 약의 효과가 없다는 소식이 TV에 나왔어요. 그러자 라이트 씨의 증세가 다시 악화되었어요. 보다 못한 담당 의사는 주사약을 가지고 와서 정말 강력한 신약이라며 주사를 놓아 주었어요. 그러자 다시 증세가 좋아졌고, 시간이 지나 다른 병으로 죽을 때까지 잘 살았다고 해요. 담당 의사가 놓아 준 것은 그냥 증류수였는데 말이죠. 이것이 바로 플라세보 효과 또는 '위약(가짜 약) 효과'라는 것이에요.

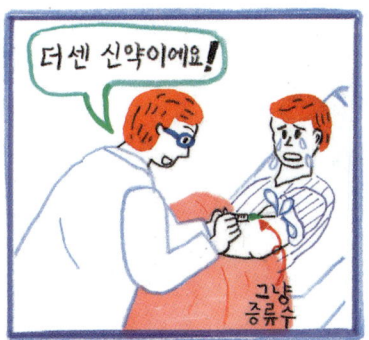

플라세보 효과를 알아보기 위해서 미국 듀크 대학의 한 교수가 실험을 했어요. 82명의 두통 환자를 두 무리로 나눈 다음, 한 무리에게는 약병에 2달러 50센트라고 쓰여 있는 약을 먹게 했고, 다른 무리에게는 약병에 10센트라고 쓰여 있는 약을 먹게 했어요.

재미있는 것은 두 가지 모두 약이 아니라 사탕이었어요. 가짜 약을 먹은 사람들의 반응은 더 재미있었지요. 2달러 50센트라고 적힌 사탕을 먹은 무리는 85%의 사람들이 두통이 줄었다고 대답한 반면, 10센트라고 적힌 사탕을 먹은 무리는 61%만 두통이 가라앉았다고 대답했어요. 비싼 약이 효과도 더 좋을 거라는 믿음이 플라세보 효과를 만든 거예요.

신약 임상 시험을 할 때는 반드시 플라세보 효과가 나타난 만큼을 제외시켜야 해요. 임상 시험에서 약을 접한 사람들은 효과가 좋은 신약을 썼다는 느낌만으로 증세가 좋아지는 경우가 있거든요. 그래서 진짜 약을 사용한 사람들이 50%의 효과를 보였는데, 가짜 약을 사용한 사람들도 15% 정도의 효과를 보였다면, 진짜 약의 효과는 35%라고 계산하는 거예요.

사람의 마음은 가짜 약만 먹어도 효과가 나타날 정도니까, 환자들은 곧 병이 나을 수 있다는 긍정적인 마음을 갖는 것이 중요해요.

약이 모두에게 공평할 수 없는 이유

아프리카에서 흡혈 파리에 의해 감염돼 매년 수만 명이 목숨을 잃는 '아프리카 수면병'. 이 병이 어떻게 인체에서 발병하는지 재미 한인 과학자가 주도한 연구팀이 밝혀냈습니다. 세계적인 학술 잡지 <Cell>은 최근 아프리카 수면병을 일으키는 파리 기생충이 인체 침투 후 어떻게 병을 일으키는지를 미국 존스홉킨스 의대 이소희 박사 등이 규명했다고 소개했습니다.

약국에서 여유롭게 뉴스를 보다가 감격할 수밖에 없었어요. 이 연구로 아프리카 수면병을 치료할 수 있는 약이 곧 개발되어서 아프리카의 많은 사람을 살릴 수 있을 거라는 희망이 보였거든요. 더욱이 이 연구를 한 사람이 한국인이라고 하니 가슴이 벅찼답니다.

아프리카 수면병 치료제는 아직 없어요

아프리카 수면병은 세계 곳곳에서 발생해서 1년에 50만 명이 감염되고, 그중 5만 명이 숨질 정도로 위험한 병이에요. '체체파리'라는 작은 흡혈 파리가 수면병을 옮기는 범인이지요. 체체파리가 사람의 피를 빨면, 혈관을 타고 아주 작은 기생충이 사람 몸속으로 들어가요. 처음에는 피부가 가려운 것 같다가 조금 지나면 관절마다 통증을 느끼게 되지요.

문제는 작은 기생충이 혈관을 타고 뇌로 침투한다는 것이에요. 그리고 뇌 속에서 염증을 일으키고, 환자는 환각에 시달리며 혼수상태에 빠졌다가 많은 경우 죽음에 이르게 되지요. 이렇게 많은 사람들이 고통받고 있지만 치료제는 아직 개발되지 않았어요.

아프리카처럼 경제적으로 어려운 지역에서는 현재 다른 나라에서 쓰고 있는 수많은 약을 구경조차 못하는 경우가 많답니다. 당장 먹을 식량조차 없기 때문에 약이 필요하다는 것을 알면서도 약을 살 수 없는 실정이지요. 그러다 보니 약을 개발하는 제약 회사에서도 가난한 나라에서 많이 생기는 질병을 치료하는 약은 잘 만들려고 하지 않아요. 많은 돈과 시간을 들여서 만들어도 약이 팔리지 않아서 손해를 보기 때문이죠.

하지만 존스홉킨스 의과 대학에서 연구를 하고 있는 이소희 박사의 생각은 달랐어요. 모든 생명은 똑같이 존중받아야 한다는 아버지의 가르침대로 많은 사람의 생명을 앗아 가는 수면병 치료 연구에 노력을 기울였지요. 그 결과 체체파리를 통해 감염된 기생충이 인체에서 어떻게 증식하는지를 알아냈답니다. 다시 말해, 사람 몸 안에서 기생충이 증식하는 것을 막기만 한다면 치료가 가능하다는 거였어요.

이 연구는 세계적으로 유명한 학술 잡지인 〈Cell(셀)〉지에 표지 논문으로 실릴 정도로 유명해졌어요. 그만큼 이소희 박사의 연구가 인류를 위해서 가치가 있다는 것을 증명한 것이지요.

하지만 아직 갈 길이 멀어요. 앞으로 수면병을 일으키는 기생충의 증식을 막아 줄 물질을 찾기 위한 연구나 임상 시험에 드는 막대한 비용과 연구 인력을 지원받을 방법이 생길지는 또 다른 문제이니까요. 결국 어려운 이들을 위한 신약 개발은 인류 모두의 숙제라 생각하고 함께 힘을 합쳐야 해요.

에볼라가 다시 왔어요

부유한 나라의 환자들 위주로만 약을 만들게 되면 언젠가 인류에게는 돌이킬 수 없는 위기가 찾아올지도 몰라요. 그 위기를 미리 보여 준 사례가 2014년에 발생한 에볼라 출혈열의 대유행이에요.

에볼라 출혈열은 아주 치명적인 질병이에요. 기니, 라이베리아, 시에라리온을 중심으로 서아프리카 국가를 휩쓸면서 많은 사망자를 냈어요. 치사율이라는 것은 전염병을 앓았을 때 사망 위험이 얼마나 높은가를 말하는데, 당시 에볼라는 치사율이 무려 70%에 달했어요. 즉, 에볼라 환자 열 명 중 일곱 명이 사망한다는 의미지요. 얼마나 무서운 병인지 짐작할 수 있겠지요?

에볼라는 에볼라 바이러스에 의해서 감염되는 질병이에요. 감염된 사람의 혈액, 땀, 침, 대소변 같은 분비물이나 체액을 통해서 사람과 사람 사이에 전염되지요. 대화하는 것만으로는 전염되기 어렵지만, 만약 환자가 기침을 한다면 침방울이 튀어서 상대방을 감염시킬 수 있지요.

에볼라는 비교적 잠복기가 긴 편이에요. 잠복기가 긴 병은 훨씬 더 많은 사람들한테 전염되기 쉬워요. 감염되고 빨리 증세가 나타나면 환자를 일찍 다른 사람들과 격리시킬 수 있지만, 잠복기가 길면 그 사람이 병에 걸렸는지를 알 수 없어 조치를 빨리 취할 수 없거든요.

약 3주간의 잠복기가 끝나면, 에볼라에 감염된 사람은 갑작스러운 고열과 근육통, 두통에 시달려요. 또 설사와 구토 증세를 보이고, 심지어 피를 토하기도 해요. 결국 심장과 간에 이상이 생기면서 사망해요.

에볼라는 체액으로 전염되는 질병이라서 환자를 치료하고 간호하는 의료

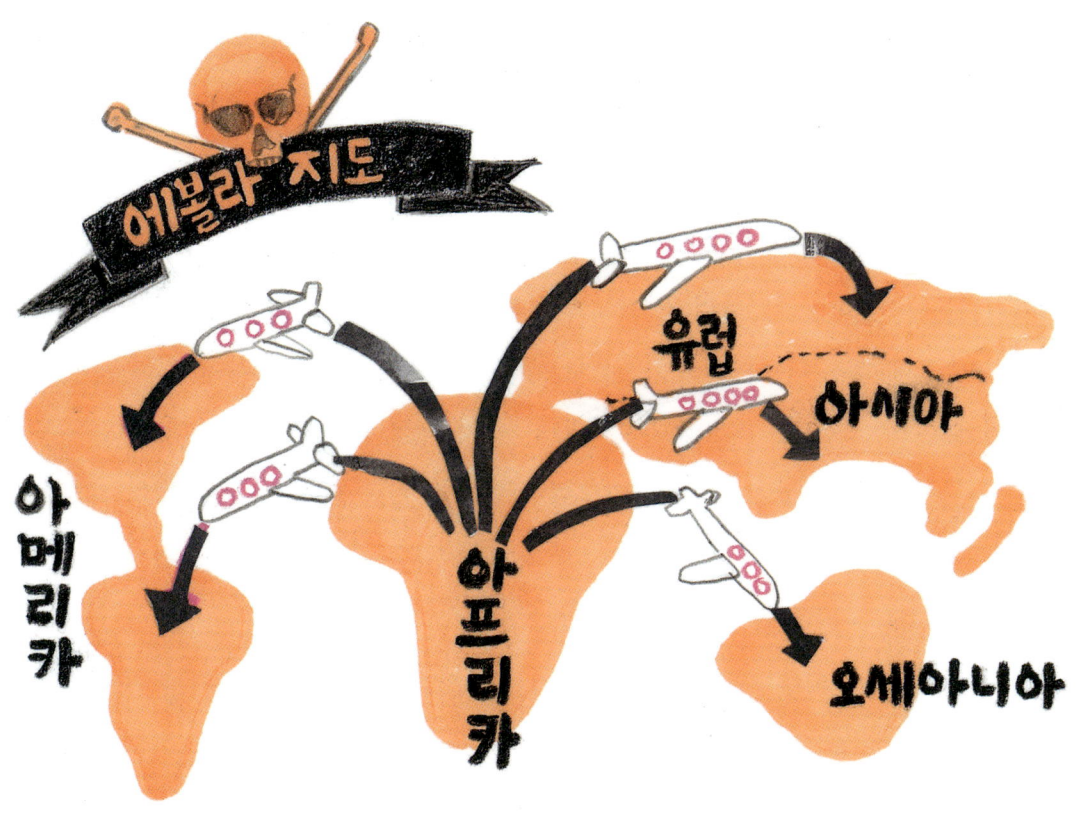

진에게서 사망자가 특히 많이 발생해요. 사명감을 갖고 환자를 치료하던 의료진도 감염되면 사망률이 무려 90%에 달한다고 하니 얼마나 그 현장이 무서울까요?

더 심각한 것은 에볼라의 발생과 확산이 신약 개발과 밀접한 관련이 있다는 것이에요. 에볼라는 이미 1976년에 최초로 유행하면서 무서운 위력을 보여 주었어요. 그때 전문가들은 다시 에볼라가 유행하게 된다면 인류가 위기를 맞이할 수도 있다고 판단했지요. 하지만 시간이 흐른 뒤에도 에볼라 치료제나 백신은 개발되지 않았어요.

아프리카 수면병처럼 에볼라는 주로 아프리카에서 발병해요. 그래서 제약 회사에서 에볼라 약을 개발하지 않은 거예요. 신약 개발에 많은 시간과 노력, 돈이 들어가는데, 약이 개발된다고 해도 돈을 많이 벌 수 없으니까요. 그렇다고 이게 무조건 제약 회사만의 책임이라고도 할 수는 없어요. 세계 보건 기구를 비롯해서 각 나라가 조금씩만 관심을 기울이기만 했어도 에볼라가 40년 후에 다시 나타났을 때 그렇게 허둥지둥하지는 않았을 거예요.

아프리카는 국제 사회에서 영향력이 적기 때문에 늘 소외되었어요. 하지만 교통이 발달하면서 그것이 잘못되었다는 걸 알게 됐어요. 1976년만 해도 자동차나 비행기가 그렇게 많지 않았지만, 이제는 비행기를 타면 하루 이내에 전 세계 어디나 갈 수 있기 때문이죠.

에볼라처럼 치명적인 전염병에 걸린 환자들이 잠복기에 비행기를 타고 세계 곳곳으로 병을 유행시킬 수 있는 시대가 되었어요. 결국, 2014년 에볼라가 유행한 건 힘없는 소수를 위해서 치료제와 백신을 만들지 않은 인류 모두의 책임이라고 볼 수 있어요.

지구촌 사람들 모두가 행복하려면 어려운 사람들을 먼저 돌봐야 한다는 것을 깨달았으면 좋겠어요.

다국적 제약 회사가 신약을 팔지 않겠대요

다국적 제약 회사란 한 나라의 제약 회사에서 개발한 약을 여러 나라에 만들어 놓은 자기 회사를 통해 판매하는 회사를 말해요.

2008년 다국적 제약 회사 A를 하이에나에 비유한 그림이 인터넷에 떠돌았어요. 하이에나는 죽어 가는 동물이 힘을 못 쓸 때를 틈타서 공격하는 습성이 있는데, A회사가 환자의 약점을 이용해서 돈을 벌 생각만 한다는 것을 풍자한 것이었어요.

환자의 권리를 위해 일하는 '건강사회를 위한 약사회', '한국 HIV/AIDS 감염인 연대' 등이 중심이 되어서 A회사 앞에서 시위를 벌이기도 했어요.

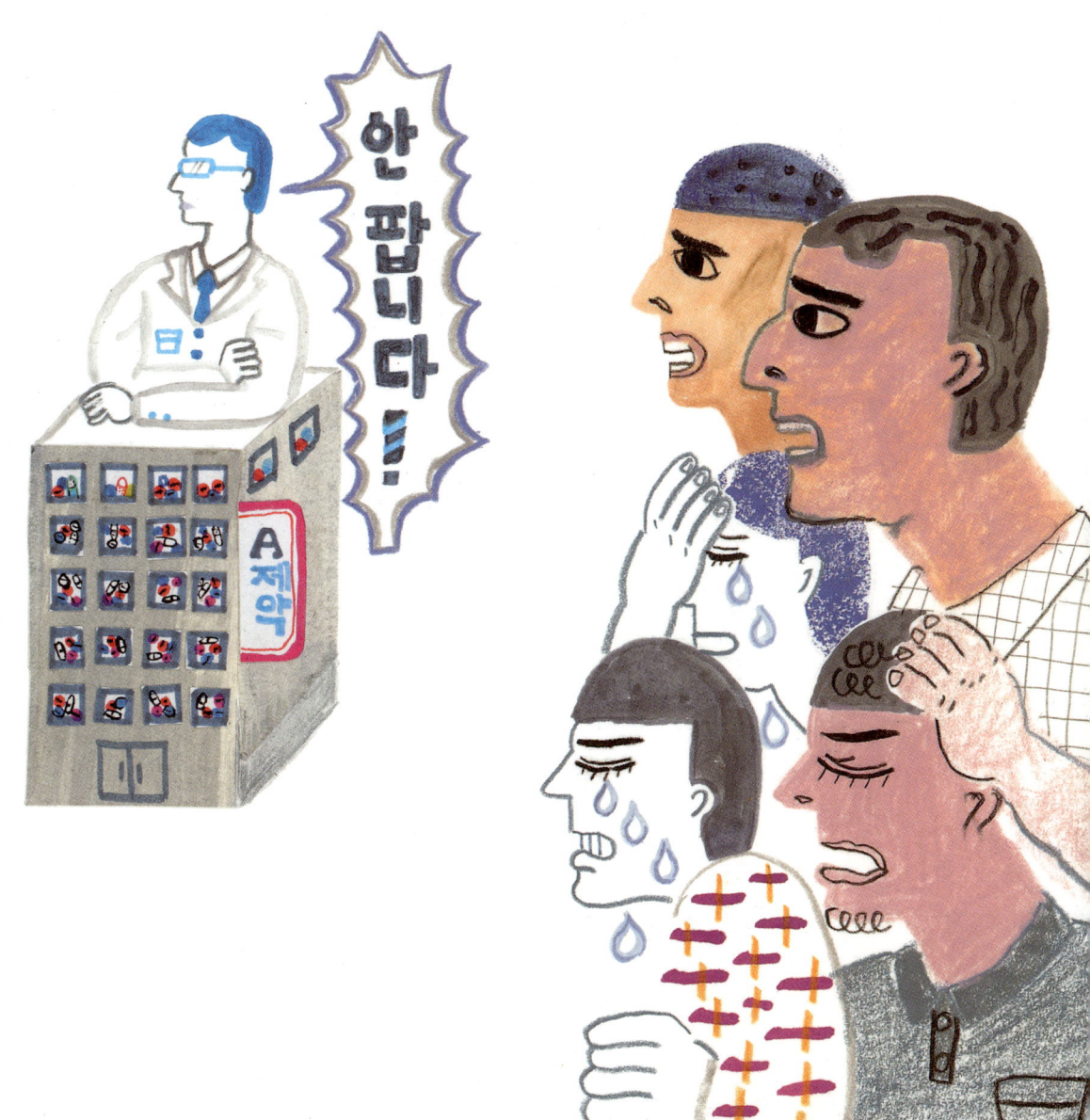

우리나라에서 판매되는 모든 약은 건강 보험 심사 평가원과 보건 복지부가 같이 제약 회사와 협상해서 그 값을 결정해요. 그런데 새로운 에이즈 치료제의 약값이 다 결정된 뒤, A회사는 갑자기 한국에서 약을 팔지 않겠다고 마음을 바꾸었어요. 새로운 에이즈 치료제가 우리나라에서 팔릴 거라고 알려졌을 때 기대했던 환자들은 회사가 약을 팔지 않기로 했다는 소식에 절망하고 말았어요.

A회사가 약을 국내에서 팔지 않기로 한 이유는 정말 간단했어요. 회사에서 원하는 약값을 받을 수 없게 됐기 때문이에요. 정부 차원에서도 여러모로 애를 써 보았지만, 결국 새로운 치료제는 국내에서 쓸 수 없게 됐어요.

마지막으로 기대를 걸었던 것은 '강제실시청구'라는 것이었어요. 약을 독점적으로 생산할 수 있는 회사와 협상이 원만하지 않을 때 해당 국가의 결정에 의해서 똑같은 약을 복제하도록 결정하는 것이에요. 하지만 환자와 시민단체의 간절한 요구에도 불구하고 강제실시청구는 수포로 돌아갔어요.

물론 많은 돈과 오랜 시간을 들여서 신약을 개발한 회사의 권리를 존중해 주어야 해요. 특히 에이즈 치료제 같은 약은 만들어지기까지 많은 돈을 들였을 것이고, 약값은 회사의 운명을 결정할 정도로 중요해요. 하지만 그보다 더 중요한 생명에 대한 권리는 결국 무시되고 말았답니다.

어떻게 하면 모두 건강할 수 있을까요?

세계 인구의 30%에 달하는 17억 명의 사람들은 태어나서 단 한 번도 해열제, 고혈압 약, 진통제, 항생제 등 꼭 있어야 하는 필수 의약품을 본 적도 없다고 해요. 빈곤한 나라일수록 식량과 옷, 깨끗한 물이 모자라서 병에 더 걸리기는 쉽지만, 약을 구하는 건 더 어려운 거예요. 그래서 간단한 약으로 치료할 수 있는 병이 더 악화되는 일도 일어나지요.

전 세계 에이즈 환자의 75%는 남아프리카에 있어요. 하지만 이들 에이즈 환자는 대부분 에이즈 때문에 목숨을 잃는 게 아니라, 면역력이 없어져서 다른 병에 감염되어서 사망해요. 환자들이 잘 먹지 못해서 결핵이나 곰팡이균 감염으로 대부분 사망하는 거예요.

그래서 세계의 여러 구호 단체는 먹을 것이 부족한 아프리카의 어린이들을 후원해 달라고 호소해요. 일정한 후원금을 내면, 어린이가 살아가고 성장하는 데 필요한 최소한의 영양분을 담은 죽을 제공할 수 있대요. 물론 맛있는 메뉴는 아니지만, 먹지 못해서 병에 걸리거나 죽어 가는 일은 피할 수 있어요.

어쩌면 부유한 나라에서 사람들이 너무 많이 먹는 바람에 생긴 성인병을 치료하는 약값의 아주 조금만 떼어도 전염병으로 죽어 가는 어린 생명들을 구할 수 있을 거예요.

지구촌이 하나가 되기 위해서 전 세계 사람들이 자신이 가진 것을 조금씩 나눌 수 있는 방법을 찾아보아야 하지 않을까요? 나의 조그만 나눔이 아프리카를 돕고 결국 나를 지키는 일일 거예요.

모두가 건강할 수 있는 길을 찾고 있는 G제약 회사가 있어요. 이 제약 회사는 에이즈 치료제 연구에서 선구적인 역할을 하고 있을 정도로 연구에 투자를 많이 하기로 유명하답니다. 에이즈 관련 연구와 에이즈 치료제 생산에서 전 세계 시장의 40%를 차지하고 있어요.

그런데 이 제약 회사에게 고민이 있었어요. 에이즈 치료제 개발의 선구자로 불리는데도 거꾸로 에이즈 확산의 주범으로 몰린 거예요. 이게 무슨 일일까요? 바로 에이즈 치료제의 가격이 문제였어요.

에이즈 환자를 치료하기 위해서는 약값이 1년 평균 2만 달러, 우리나라 돈으로 무려 약 2200만 원이나 들어요. 물론 아프리카처럼 어려운 나라는 여러 가지 후원 프로그램을 통해 연간 55만 원 정도로 저렴한 값에 약을 구입할 수 있어요. 하지만 여전히 많은 사람들은 약값을 부담하기 어려운 실정이에요.

그래서 약을 먹지 못하면 오래 살지 못한다는 것을 알면서도 당장 굶어 죽지 않기 위해서는 수입의 대부분을 식량 구하는 데 써야 해요. 이런 상황에서 에이즈 치료제는 엄두도 내지 못하죠. 그렇다고 해서 제약 회사들에게 무조건 싸게 약을 공급하라고만은 할 수 없어요. 이익이 생기지 않으면 제약 회사가 더 이상 사업을 꾸려 나갈 수 없으니까요.

이 제약 회사는 '기업은 사회적 책임을 다해야 한다'는 철학을 가지고 있어요. 그래서 아프리카에 판매하는 에이즈 치료제는 영국에 판매하는 가격의 1/4정도의 파격적인 가격으로 공급하기로 했어요. 이뿐만이 아니었죠. 이 제약 회사는 약을 무조건 싸게 공급한다고 아프리카의 문제가 해결된다고 보지 않았어요. 환자를 진료하고 약을 처방하는 의사와 약을 환자에게 안전하게 투약하는 약사도 있어야 하고, 이들이 일을 할 수 있는 병원도 필요하다고 생각했어요. 그래서 제약 회사는 국제기구와 손잡고 아프리카의 헬스케어센터 설립에 투자하기로 했어요.

이 회사는 아프리카에서 한 명이라도 더 에이즈의 공포에서 벗어날 수 있도록 노력했어요. 이 과정에서 아프리카에 싸게 판 에이즈 치료제를 빼내서

다른 나라에 비싸게 파는 사람들이 생겨나자, 아프리카에 판매하는 약은 포장을 다르게 해서 팔았지요. 이런 수고 끝에 성공을 거두었어요.

   개인이나 회사가 사회적 책임을 지고 어려운 사람을 돕는 것은 힘들지만 가치 있는 일이에요. 먼저 그 일을 시작하면 많은 사람들이 귀를 기울이고 관심을 기울이며 함께 행동하게 된답니다. G제약 회사의 노력은 모두가 건강하게 살 수 있는 방법을 모범적으로 보여 준 사례라 할 수 있어요.

건강 보험은 필요해요

늘 감기를 달고 살던 김해수 할머니께서 병원에서 감기약 처방을 받고 오셔서 약을 가져가셨어요. 그리고는 얼마 안 돼서 다시 오셨어요. 아주 화가 난 표정으로 말이죠. 할머니는 평소 먹던 감기약하고 똑같은데 왜 아무 말도 하지 않고 약값을 더 받느냐고 따지셨어요.

실은 평소보다 약값이 오른 것은 아니었어요. 단지 할머니의 부담금이 많아진 것뿐이에요. 할머니가 평소에 가던 동네 의원이 아니라 큰 병원에서 처방전을 받아 오셨기 때문이에요.

우리가 내야 할 약값을 결정하는 건강 보험에 대해서 알아볼까요?

약값을 덜어 줘요, 건강 보험

우리나라는 다른 나라에 비해서 비교적 건강 보험 제도가 잘 되어 있는 편이고, 개인이 부담하는 비용도 적은 편이에요.

건강 보험은 어느 날 갑자기 병에 걸리거나 크게 다쳤을 때를 대비해서 국가가 설립한 국민 건강 보험 공단에 보험료를 내는 제도예요. 국민 건강 보험 공단에서는 모아진 보험료를 관리하면서 가입자가 병원에서 진료비를 내야 하거나 약국에서 약을 사야 하는 등 의료비가 필요할 때, 법에 의해서 정해진 비율만큼 대신 내 주지요. 원래 병원이나 약국에 내야 하는 진료비나 약값은 우리가 냈던 비용보다 훨씬 더 많은 금액이랍니다.

고혈압이나 당뇨병처럼 평생 치료해야 하는 병에 걸리거나 치료비가 많이 나오는 병에 걸리면 그 비용을 개인이 부담하기 힘들어요. 그래서 건강 보험은 아픈 가족의 치료비 때문에 가정의 경제가 위험해지는 것을 막을 수 있는 장치이기도 해요. 건강 보험은 국가가 국민의 행복을 위해서 반드시 유지해야 하는 제도랍니다.

우리나라 국민이라면 누구나 건강 보험에 의무적으로 가입해야 해요. 만약 의무가 아니라면 가입하고 싶은 사람 또는 병에 걸릴 위험이 큰 사람만 우선 가입하려고 하겠지요. 건강한 사람들은 아마 건강 보험에 가입하지 않으려고 할 거예요. 보험료를 내도 당장 건강 보험의 혜택을 받지 않으니까요. 하지만 지금 건강할지라도 언제 병에 걸릴지 모르고, 다치게 될지 모르니 미리 대비하고 있어야 해요. 그래서 소득이 있는 국민이라면 누구나 자신과 가족의 보험료를 내도록 의무로 정해져 있어요. 많은 사람들이 평소 건강할 때는 잘 느끼지 못하지만 갑자기 큰 병에 걸리면 건강 보험의 필요성을 절실히 느낀답니다.

사람들은 종종 감기나 소화 불량, 고혈압처럼 꼭 큰 병원에 가지 않아도 충분히 치료할 수 있는 병을 큰 병원에 가야 제대로 치료받는 것처럼 여기는 경우가 많아요. 큰 병원일수록 진료비는 비싸답니다. 당연히 국민 건강 보험

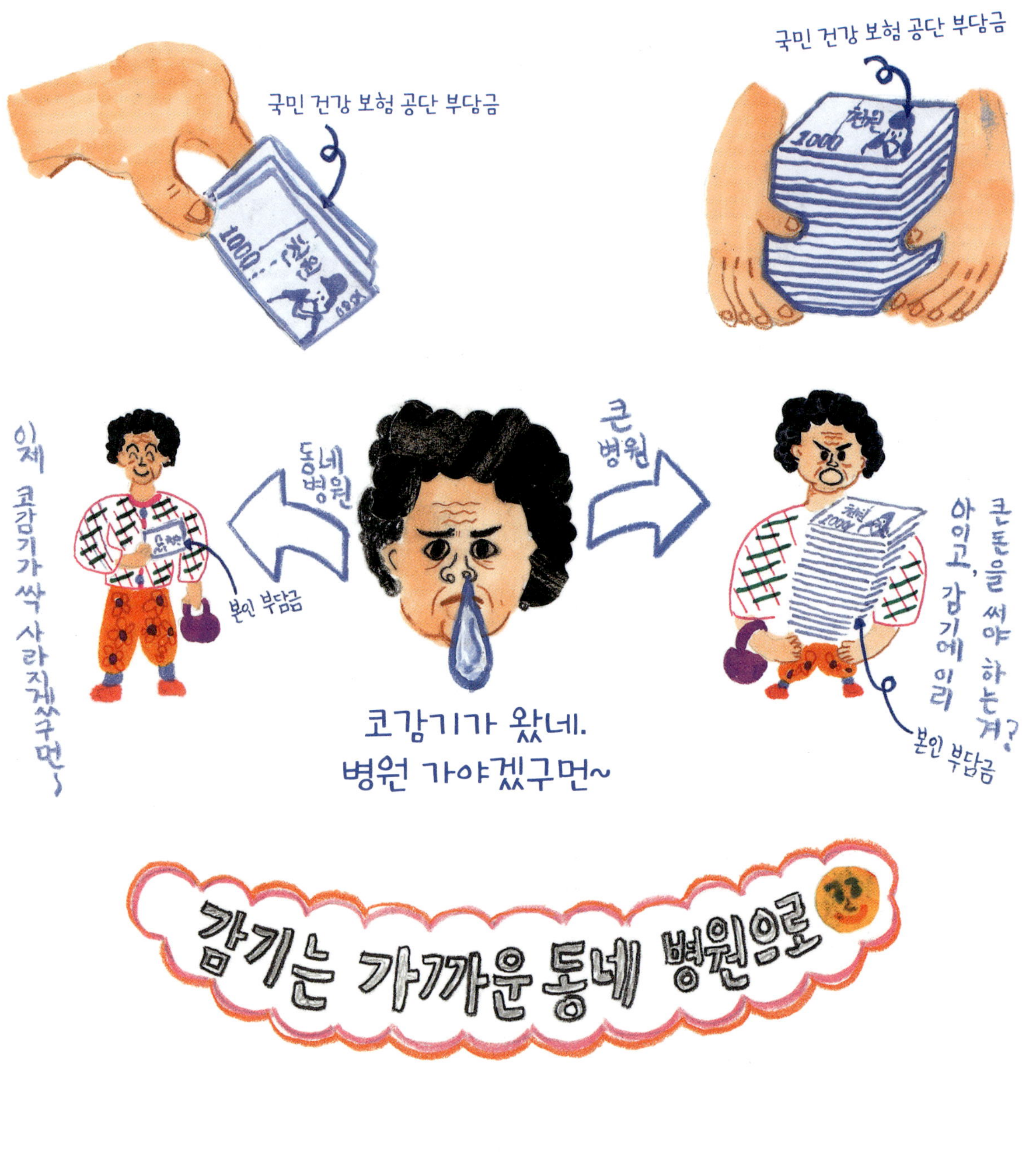

국민 건강 보험 공단 부담금
국민 건강 보험 공단 부담금
이제 코감기가 싹 사라지겠구먼~
동네 병원
본인 부담금
큰 병원
코감기가 왔네.
병원 가야겠구먼~
아이고, 감기에 이리 큰돈을 써야 하는겨?
본인 부담금
감기는 가까운 동네 병원으로

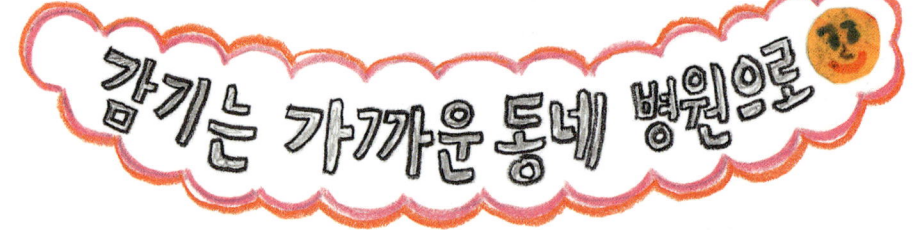

공단과 본인이 부담해야 할 비용도 늘어나요. 그래서 큰 병원에서는 되도록 금방 고치기 어려운 중한 질병을 담당하는 데 집중하고, 가벼운 증상은 부담금을 적게 내는 동네 의원이나 병원을 이용하도록 유도하고 있어요.

김해수 할머니처럼 감기 같은 가벼운 질병으로 큰 병원에서 처방전을 받으면 작은 병원에서 처방전을 받는 것보다 본인 부담금이 높으니 약값을 더 내야 해요. 설명을 다 듣고도 할머니는 기분이 썩 좋아 보이지는 않았지만 다음부터는 가까운 의원에 가야겠다고 말씀하셨어요.

그럼 보험료를 얼마나 내야 할까요?

소득이 있는 사람들은 소득에 비례해서 일정 부분을 내게 되어 있어요. 우리나라의 건강 보험 제도는 많이 버는 사람은 보험료를 많이 내고, 적게 버는 사람은 적게 내거나 보험료를 거의 내지 않지요.

돈을 많이 버는 사람들 입장에서 생각해 보면 아프지 않아도 많은 보험료를 내야 하고, 그 돈은 적립되는 것도 아니니까 마냥 손해를 보는 것이라고 생각할 수도 있어요. 하지만 국가와 사회에 속해 있는 우리는 혼자 능력이 뛰어나다고 해서 돈을 많이 벌 수 있는 것이 아니에요. 다른 사람들이 있기 때문에 돈을 버는 게 가능하고, 국가가 그 권리를 지켜 주기 때문에 자기 재산도 보호받을 수 있어요. 또 돈이 적은 사람이든 많은 사람이든 최소한의 행복을 누릴 권리가 있답니다.

건강 보험이라는 것은 우리의 건강을 지켜 주는 방패막이 같은 것이에요. 우리 모두가 함께 앞으로도 잘 지켜야 하는 제도랍니다.

국민 건강 보험 공단에서 받는 혜택은 정말 다양해요. 가장 기본적인 것만 보면 입원을 할 경우에는 입원비 총액의 20%만 부담하면 되고, 진료를 받을 경우에는 규모가 작은 병원에 갈수록 본인 부담금이 낮아져요.

만 40세 이후부터는 건강 검진을 2년에 한 번씩 받을 수 있는데, 전액을 공단에서 부담해요. 암처럼 중대한 병에 걸리면 국민 건강 보험 공단에서 책임지는 비용의 5%만 개인이 부담하는 등 국가에서는 국민이 부담하는 의료비를 지원하기 위해 많은 노력을 하고 있어요.

건강 보험이 적용되지 않을 수도 있나요?

약 중에서는 건강 보험이 적용되어서 약값을 적게 내는 약과 건강 보험을 적용받지 못해서 약값을 전부 환자가 내야 하는 약이 있어요. 그러면 어떤 약은 건강 보험이 적용되고, 어떤 약은 건강 보험을 적용받지 못할까요?

약을 먹으면 병이 빨리 낫고 효과가 좋다는 것이 확실하고, 약값도 적당해서 국민 건강 보험 공단에서 부담하기에 큰 무리가 없는 약은 건강 보험이 적용돼요. 그러니까 적당한 약값의 약을 먹어서 병을 효과적으로 치료할 수 있다면 그 방법이 가장 환자한테 이익이 되고, 건강 보험에도 부담이 되지 않기 때문에 건강 보험을 적용해 주는 것이에요.

물론 효과가 아주 좋아도 약값이 너무 비싸면 건강 보험에서도 부담하지 못하는 경우도 있어요. 암을 치료하는 약 중에 그런 약들이 많아요. 심지어 약 한 병에 수백만 원씩 하는 약도 있지요. 암을 치료하기 위해서 꼭 그 약을 쓸 수밖에 없지만, 너무 비싸기 때문에 건강 보험으로 해결할 수 없는 경우도 있어요. 안타깝지만 아직까지는 환자가 모두 부담해야 하지요. 앞으로 이런 약들도 건강 보험을 적용해 줄 수 있는 날이 올 것이라고 기대하고 있어요.

반면, 건강 보험이 적용되지 않는 약이라고 해서 효과가 별로 없거나 너무 비싼 약만 있는 것은 아니에요. 약 중에서는 반드시 의사의 처방이 있어야 약국에서 살 수 있는 전문 의약품과 본인이 사고 싶으면 약국이나 24시간 편의점에서 살 수 있는 일반 의약품이 있어요.

일반 의약품은 감기, 설사, 변비, 두통, 발열 등 가벼운 병이라서 꼭 전문가의 도움이 없이도 먹을 수 있도록 판매하는 의약품을 뜻해요. 이런 일반 의약품들은 보통 부작용도 적지요.

일반 의약품은 대부분 생명에 직접적으로 관계가 없는 질병을 치료하는 약들이기 때문에, 환자가 스스로 불편한 것을 해결하기 위해서 직접 사 먹을 수 있어요. 대신 일반 의약품은 대부분 건강 보험이 적용되지 않아요. 일반 의약품에 모두 건강 보험을 적용하면 사람들이 약을 너무 많이 먹을 위험도 있거든요.

우리나라 사람들은 감기약을 쉽게 사 먹는 경우가 많아요. 그렇지만 다른 나라 사람들은 꼭 감기약을 먹지는 않아요. 유럽의 많은 나라에서는 집에서 푹 쉬면 감기가 낫는다고 여기기 때문에, 감기약을 안 먹는 경우가 많거든요. 그래서 일반 의약품에는 어느 나라나 건강 보험을 적용하는 경우가 매우 드물어요. 물론 의사 선생님이 꼭 치료에 필요하다고 판단해서 처방할 경우에는 일반 의약품이어도 건강 보험이 적용되는 경우가 간혹 있기는 하답니다.

건강 보험은 꼭 국민이 부담하는 돈으로만 운영되지는 않아요. 요즘은 예전에 비해 노인 인구가 많기 때문에 의료비와 약값의 지출이 많아지고 있어요. 그래서 건강 보험을 유지하기 위해서 정부에서 지원을 받는 경우가 많아요.

아무래도 잘사는 나라의 국민들이 건강 보험의 혜택을 받는 경우가 많아요. 반대로 부유하지 못한 나라의 국민들은 건강 보험이라는 것을 평생 알지 못하는 경우도 있어요. 전 세계에서 열 명 중 일곱 명의 사람들은 건강 보험의 혜택을 받지 못한다는 통계가 있답니다.

피할 수 없는 동물 실험

제약 회사의 연구소에서 일하고 있는 친구 왕탐구를 얼마 전에 만났어요. 그런데 왕탐구에게 요즘 고민이 있대요. 제약 회사에서 신약을 개발하기 위해서는 동물을 대상으로 많은 실험을 해야 하는데, 동물의 복지가 중요하게 여겨지면서 동물 실험이 아주 까다로워졌다는 거였어요.

왕탐구의 고민에 대해 자세히 알아봐요.

동물 실험을 하는 이유

동물 복지는 동물 보호하고는 좀 달라요. 보호라는 것은 사람이 동물을 일방적으로 아껴 주는 것이라면, 복지는 서로의 권리를 존중해 준다는 것이래요. 즉, 동물 복지의 뜻에 따르면 동물도 보호를 받을 권리가 있다는 것을 인정하기 때문에 동물의 입장을 생각하지 않고 동물을 실험에 사용하며 고통을 주면 안 된다는 것이에요.

신약 개발에서는 과학적으로 예측이 아무리 잘 되었어도 꼭 동물 실험을 거쳐야만 알 수 있는 것들이 정말 많아요.

예를 들어 약의 독성은 동물 실험을 통해 확인해요. 그리고 전염병의 원인인 세균이나 바이러스를 연구할 때 동물에게 직접 주입해서 그것들을 키우는 경우도 있고요. 동물의 유전자를 변형시켜서 사람에게 약으로 쓸 수 있는 물질을 만드는 방법도 있어요.

많은 실험을 거치고 나서 안전하다고 여겨진 약도 사람이 직접 먹으면 부작용이 심해서 퇴출되는 경우가 많아요. 동물 실험을 하지 않는다면 신약을 개발할 수 없을 정도지요.

동물 실험에도 윤리가 있어요

우리나라에서는 '실험 동물에 관한 법률'이 제정되어 있어서 동물이 실험 과정에서 학대받지 않도록 보호하고 있어요. 기본적으로 동물 실험을 할 때에는 대상 동물이 갈증이나 굶주림을 겪지 않아야 하고, 공포와 스트레스를 되도록 받지 않도록 해야 해요. 이것을 실천하기 위해서 동물 실험 말고 다른 것으로 대신할 수 있는지 먼저 찾아야 하고, 만약 실험 중에 동물이 고통을 느낀다면 진통제나 마취제를 사용해서 고통을 줄이는 방법도 마련해야 해요.

이런 조치가 잘 이루어지고 있는지를 감독하기 위해서 동물 실험을 하는 단체에서는 반드시 '동물실험윤리위원회'를 만들어 감독을 받아야 해요. 여기에는 동물 실험에 대해서 경험이 많은 사람도 있어야 하지만, 동물을 잘 살펴볼 수 있는 수의사와 법에 대해 잘 알고 있는 변호사 혹은 법학자가 반드시

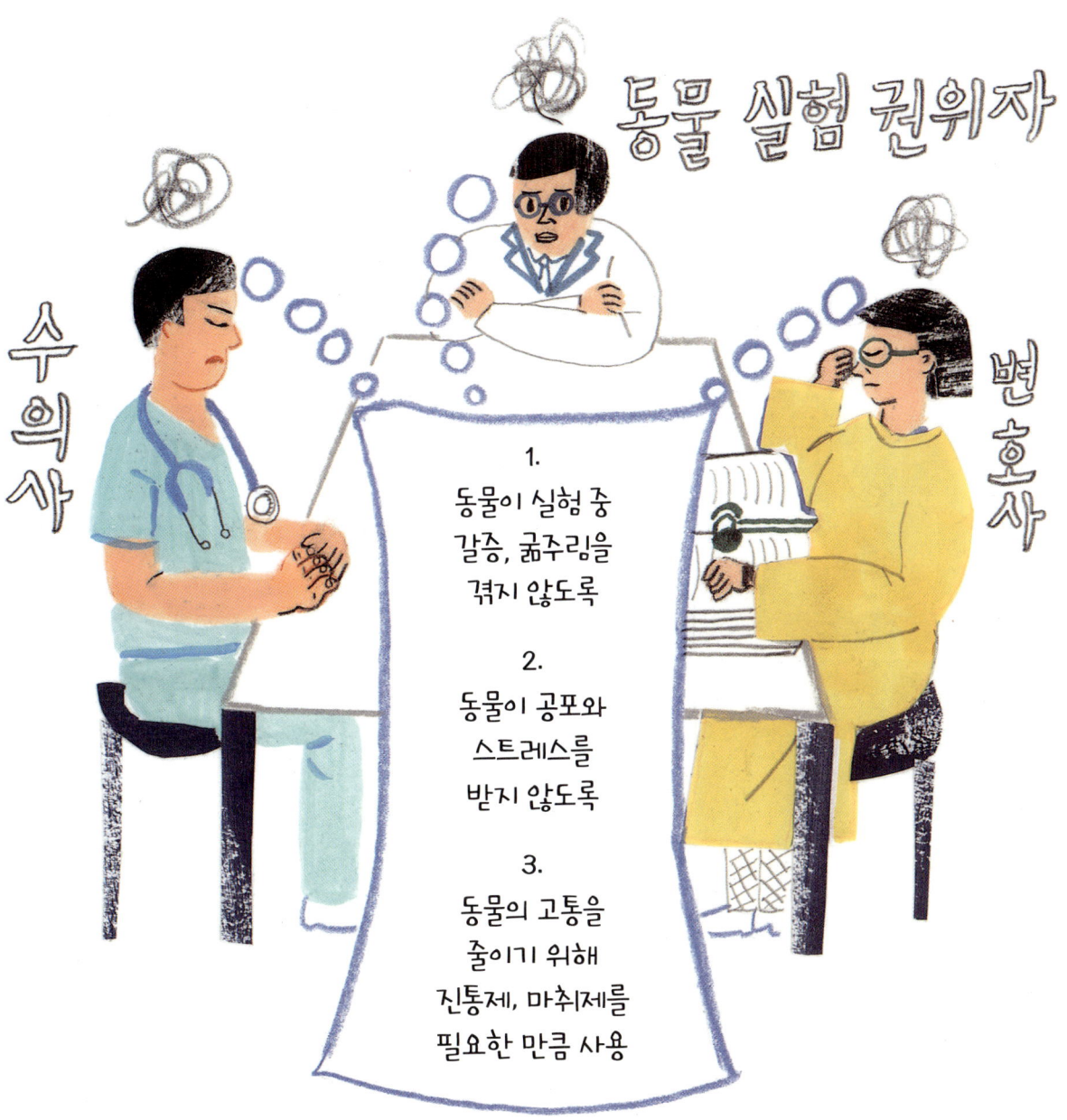

포함되어야 해요. 동물 실험을 하기 위해서는 반드시 동물실험윤리위원회의 승인이 있어야만 한답니다. 동물실험윤리위원회가 생기고 나서부터 실험에 사용되는 동물의 숫자가 많이 줄었고, 필요 이상으로 동물이 희생되지 않도록 많은 노력을 하고 있어요.

사람뿐만 아니라 동물의 생명도 존엄하다는 것을 기억하고 평소에도 함부로 동물의 생명을 해쳐서는 안 되고, 고통을 주지 않는 노력이 필요해요.